书生聊阅读

江富军 编著

浙江大学出版社·杭州
ZHEJIANG UNIVERSITY PRESS

图书在版编目（CIP）数据

书生聊阅读 / 江富军编著. —— 杭州：浙江大学出版社，2023.8

ISBN 978-7-308-23857-1

Ⅰ.①书… Ⅱ.①江… Ⅲ.①读书活动—青少年读物 Ⅳ.①G252.17-49

中国国家版本馆CIP数据核字（2023）第095377号

书生聊阅读

江富军　编著

责任编辑	曲　静
责任校对	朱梦琳
封面设计	周　灵
出版发行	浙江大学出版社
	（杭州天目山路148号　邮政编码：310007）
	（网址：http://www.zjupress.com）
排　　版	浙江大千时代文化传媒有限公司
印　　刷	杭州宏雅印刷有限公司
开　　本	880mm×1230mm　1/32
印　　张	9.875
字　　数	243千
版 印 次	2023年8月第1版　2023年8月第1次印刷
书　　号	ISBN 978-7-308-23857-1
定　　价	59.00元

前　言

　　常有同学幻想仙人指路，魔法一点，读书上瘾，从此快乐阅读，手不释卷，古今中外，天文地理，读得津津有味，仿佛装上了阅读永动机，日日长进，成为阅读大王。如此幻想很可爱，至少重视读书的价值。生活中确实有不少人离不开阅读。宋朝诗人黄山谷说："三日不读书，便觉语言无味，面目可憎。"孙中山先生说："我一天不读书，便不能够生活。"怎样让阅读成为"刚需"，同学们得自己寻找办法。老话说八仙过海，各显神通，或者说虾有虾路，蟹有蟹道，各人有各人的方式方法，要符合自己的个性选择。这样，就要给自己的阅读做个自我评估，整理、总结自己的阅读很有必要。

　　一位老师布置了特别的暑期作业：最重要的作业是整理，整理自己的书籍、作业，整理自己的思路、方法，整理自己的硬盘、优盘，整理自己的朋友圈，整理自己关注的公众号，也整理自己的房间、物件，还要整理自己的思想感情、生活内容、人际关系。全国著名阅读推广专家徐雁教授倡导"天地阅览室，万物皆书卷""读有字书，悟无字理"。王阳明推崇知行合一，朱熹认为要"致知""力行"。美国作家爱默生说："人生是书，书是注释。"阅读与生活同步，应该说，人生每个阶段都要好好回顾、总结。整理是站到高处，用理性的全局的目光审视自己、审视生活。如此，才能好好地规划未来，给出适合自己的阅读书单与生活目标。

就像经常思考"我是谁"一样，我们应当问自己：我为什么要阅读？我是怎样阅读的？我都读了哪些书？买了哪些书？喜欢哪些作家？给自己一个读书、买书或偏爱某本书、某位作家的理由。同时聊聊读书故事、阅读理念，聊聊阅读方式方法，聊聊作家作品，聊聊阅读活动、地方文化，也可进行阅读调查。

我们不妨更直接一些，思考一下：自己最喜欢的是哪一句话？能让自己流泪或狂喜的是什么故事？买的书中翻看遍数最多的是哪一本，哪些章节，哪些细节？有些观点赞同，有些观点不赞同，理由是什么？记一记，聊一聊。读书故事、理念很多，有自己的，有别人的，有陌生的，也有已经熟悉了却还可以再说说的，聊聊天，让思维活跃。聊着聊着，读书成长，读写一体，涉笔成趣，可以写成散文、小论文。读读写写，滋养灵魂。聊到深处，写到细处，激情澎湃，高峰体验，自我鼓舞。不知不觉，日积月累，蓦然回首，就拥有了阅读的"第一桶金"。从此"爱财（才）惜财（才）"，不离不弃，挚爱阅读，挚爱生活。

新教育实验发起人、全民阅读形象代言人朱永新教授说，"一个人的精神发育史就是他的阅读史"。阅读能体现读者的兴趣爱好、心理模式、情感方向、思想基调。阅读立心，书香致远，阅读的过程就是启蒙、建构、丰富精神的过程。反思阅读，理性回顾，是审视精神的最好方式。而精神本身的能动发展，反过来要求阅读的"营养补给"。

有人说与一个人聊天 1 小时，就能大致知道这个人喜欢读哪些书；有人说看到一个人的书房，就能明白这个人的精神维度。能不能互相"炫耀"一下？把自己喜欢的书籍、作家、观点等推荐给同学们，彼此结成书圈。不妨向知心同学坦露自己的内心，这也是一种沟通能力。交流得知音，知识在交流中增值，或者阅读本身就是与作者交流，让内心得到呼应共鸣。

有趣的灵魂互相启迪，多方沟通，让阅读深入，让阅读真正成为自己的精神港湾。

我们常见古今中外名家谈阅读，教师谈阅读，现在我们让学生自己聊聊，教师参与讨论。新河中学是省一级重点中学，省一级特色示范高中，省新课程样本学校，阅读是主要特色之一。学校历来称教师为先生，也常把学生称为书生，广义上，先生也是书生，因而题名为"书生聊阅读"。本书是近些年我们文笔读书会的读写随笔结集，读写一体，这是一本鲜活生动的作文材料，对中学生阅读与高考作文具有指导意义。

因时间仓促，水平有限，难免有错误及不足，敬请大家批评指正。同时，由于各篇文章聊阅读，难免有重复之处，为了篇章的完整性，仍然保留。

江富军

新河中学汗牛栋

2022 年 10 月 26 日

目　录
Contents

一　书生读书故事与阅读理念

二 书生阅读活动与读写一体

三　书生整本书阅读

四　师说阅读

此在长大

一

书生读书故事
与阅读理念

敬重书之美——由高考结束撕书谈起

汪雨萌

每年都有高考毕业生撕书，漫天飞雪，这星星点点的白色，多么美丽呀，它在空中飘飘然，尔后轻盈落地，多么富有诗意与美感。一撕一撕，看起来多么潇洒，一甩一甩，把自己3年的压抑心情全撒出去。一张张已经装订成册的讲义，一本本朝夕相处的教材、参考书，片刻化为碎片，好像《红楼梦》中说的"落了片白茫茫大地真干净"。这不，电影《银河补习班》就有高考毕业生撕书的场景，白茫茫一片，电影镜头拍得很美，美得让人感到辛酸与无奈。

我们沉静下来仔细想想，这些行为真的美吗？

什么是美呢？西方哲学家说美是有价值的东西的感性显现。感性是外在的，高考撕书从外在看好美，而实际上是对3年生活的否定，也是对读书价值的否定。

电影《致青春》中有个细节，学霸陈孝正坐在书上吃蛋糕，因为地面脏。他是全班成绩最优异的，因为要公费留学美国，抛下了恋人郑薇，但留学期间他遭受了巨大的失败，回来后重新找郑薇谈恋爱，想重振精神。为什么他会失败？因为他爱的只是分数，是文凭。真正爱知识的人，总是爱护书籍的。在他们眼中，字是神圣的东西：仓颉造字，群鬼夜哭。语言文字是通鬼神的，是人类智慧的结晶。据说古人看重要的书时，要先沐浴焚香；诗人年关把自己写出来的诗词放在砚台上，点上几根香，感谢上苍赐予自己这么多文字。由此可见，以陈孝正为代表的这些高分者，都不是真正热爱文字、热爱知识。他和女友一起吃蛋糕的样子很美；而他坐在书上吃蛋糕，却暴露出内心的低俗、粗陋。

读书最重要的是读出敬重知识的态度。老师传授给我们的应当是敬重书籍知识美、智慧美的价值观，否则，把读书作为分数的敲门砖，即使成功了，将来也是走不远的。

文字可以安放自己的思想，表达自己的感情，与别人进行交流，带我们走出愚昧。在文字的描述中，我们可以知道千里之外的人，知道几十年、几百年前的人在想什么。阅读者，传承人。敬重书之美，让人胸襟开阔，目光远大。

撕书不美，反过来，阅读的姿态最美。我最喜欢的一幅画：一位倚在椅子上，手捧一册书潜心阅读的少年，几道慵懒的光，打在书上，恬静淡雅。我喜欢这样的书生美。我印象最深的是电影中民国年代的学生：戴一副圆眼镜，穿一身长袍，手捧一册书，风华正茂，站在那儿就是一道风景。腹有诗书气自华，也许他们容颜平平，外表朴素，但他们的才学与修养彰显出文气。这种书生美与书之美，值得我们敬重、追求。相比之下，那些撕书的同学，他们的斯文早已随着那些书簿被撕得粉碎。

除了书生美、书之美，我们也需要给自己留下美的回忆。我们能体会高中的压抑，能理解高考结束时的轻松感。然而正如普希金诗中说的："一切终将过去，一切过去了的，都将成为亲切的怀念。"这就启示我们，无论多少痛苦与烦恼，过去了的，就是自己的历史，就算是苦难，也要留下回忆。我们成功过，我们失败过，成败并不重要，重要的是这段历史给自己的未来以信心和力量。我们落泪过，我们狂喜过，而那些高中时期用过的书簿，都是我们回忆的载体，看到它们，我们就能看到自己的青春。我听好多老师说，他们面对困难挫折时，会翻看以前高考时用过的书、写过的讲义，就会振作起来，感到一股力量把自己往前推。

是啊，生活有时如苦咖啡，初尝，味是苦的，但回味起来，却是一点点的甜。我们需要保留回忆的载体，留下美好，敬重书之美。人们常说："生活中不是缺少美的，而是缺少发现美的眼睛。"一个人敬重美，美就会处处有。我们要深入美、留住美、创造美，把自己变成一个"美人"。

理书的乐趣

郑雨薇

爱书的同学总是逃不开理书这件事。什么书，摆在什么位置，这里面虽无大学问，却也值得一品。

我家中只有一个书柜，在我的房间，放着100多本书。父母是生意人，不大看书，而妹妹尚小，看的书堆起来也没她的小腿高。因此，几年前搬入新屋的时候，这个偌大的书柜就毫无悬念地在我面积不大的房间里落地生根。那时，我的书还不到30本。

日子一天天过去，新书渐渐填满了这个大书柜，但我仍不时从外头带来新的伙伴加入它们的行列。因此，理书就从一件不太紧要的事情变成了我日常的乐趣。

在那里，我可以颐指气使，就像一个国王对他的臣民，就像一个园丁对他的草木，就像一个作家对他的文字。昨天我任性地硬要将《红楼梦》《儒林外史》等我喜欢的古典名著与幼时读过的《格林童话》《山海经》

绘本摆在一起；今日又完美主义作祟，严谨地将每一本书分门别类，再按书的大小，一本一本摆好；也许明天我就会理出一些许久不看的旧书，并把它们放到书柜下的小箱子里，然后拿出喜爱的新书——张爱玲、三毛、余秋雨等作家的作品，郑重地摆上去。

在那里，好像是和最亲密的朋友一起学习，总是不会感到厌倦和疲惫。只要是在家的日子，我就会一脸兴味地凑到书柜前，有时候抽出一两本略微调整，有时抱下一大摞，用毛巾拭去书柜上的灰，再将它们重新排列，放回书柜上。因此，母亲总是笑骂道："你房间大概就那个书柜是最整齐的了。"如她所说，我确实不大爱整理房间，最多拖拖地板而已，在一片凌乱中，那书柜便尤为显眼。

我听一个上了年纪的老师说，他那时会把自己花钱买的连环画悄悄地藏于草席下，不让父母发觉，自己偷偷看。如今，处于青春期的少男少女们的房间里也会有一个秘密的藏书点。有的同学悄悄攒钱，买上一两本父母、老师严令禁止的书——也许是武侠，也许是言情——偷偷藏在那里，或许还会有一两本藏着自己青春思绪的日记。有时上学前担心父母会翻到，放学后回来立刻观察父母的脸色，再去确保它们的"安全"——再贴心的小棉袄也有不可告诉父母的小秘密。

我的藏书点在书柜边的一个小抽屉里。当时南派三叔的《盗墓笔记》正流行，我也攒钱、借钱买了几本，已经工作了的表姐也帮我买了几本。慢慢地，等我终于凑齐一整套的时候，那最盛的风头都过去了。夜间锁起房门一本一本看完后，也就不再整日想着念着了。最初的刺激感过去后，我渐觉这些书完全不似名著那般耐读，经不起推敲细读。以后对这类书也就提不起兴趣了。不过我从未有过将它转卖的想法——同学中似乎有人这么干——就像我保留的那些童话书一样，那是对我人生最好的记录，待将来回忆往昔，兴许还要靠它们唤醒沉睡的记忆呢。庆幸的是，我有一个明理的母亲。她从不干涉我怎么理书，也不许我父亲这样做。我现在也不知道我的藏书秘密在母亲眼里还是不是秘密。

而又有一些书，是既不会被藏进暗间，大书柜也留不住的。这样的书，是我最钟爱的。有时它出现在床头柜上、枕头边，有时它躺在学习的台灯下，有时客厅的茶几上也有它的一席之地。具体是何处，这要看各人的习惯，但终归是随手就能拿到的地方。

《乾隆皇帝》《隋唐演义》等历史书就常在茶几上见到，它们是爷爷的最爱。泡一小壶清茶，捧着书，他就能在沙发上静坐一下午。这般雅致常令我羡慕不已，我不会喝茶，有时想用白开水来代替，附庸一番，但总感觉别扭。所以，我还是天天很不雅地半靠在床上看书。晚上伴着文字入梦，早上睁眼就翻开一本书，在床上赖到父母催着喊吃早饭才不情愿地合上书本。《红楼梦》是从没离开过我床头的一本书。能流传几百年的书，是该有这样的魅力，让人常读常新，不觉腻味。不过，或许是我太投入，耽误了时间，我吃了好几顿冷透的早饭。尽管如此，每次理书时，我还是让它留在我的床头，这个我最亲密的地方。

理书本身就充满幸福。这么说怕是要惹来耻笑，不爱书、没理过书的人哪会理解其中趣味呢？

然而，今时今日，父母疼爱孩子，整理书籍的事总被父母包干，就怕孩子分散读书精力。却不知，正是这样的"帮"，让孩子失去了亲自理书的趣味，失去了动手理书的能力。理书，不仅让我们学会分类整合，让书籍摆放得有条理，更多的是与书籍的另一种交流。

理书，让人更爱读书。

打理好自己的书，这是打理好生活的第一步。

读书二三事

江彬歆

手抚一本书，挑一个自己喜爱的角落，阳光透过窗户落到书页上，如流苏般装饰着，这是最美的符号。小窗，流光，二三事。

书让我走进武侠世界

对于书籍，大家多数会以朋友待之。对于小时候的我来说，它是我的"兴奋剂"。童年的我并不像其他邻家女孩一样爱画画、跳舞，唯独喜欢武侠小说，时刻想要当一名绿林好汉，拥有一身盖世武功，劫富济贫，伸张正义。曾看到某一个场景：一奇士从竹林深处光速般滑翔到敌人身边取其首级。短短几行字拨动着我的心，于是楼道便成了我的"习武之地"。侧身沿扶手滑下，在临近地面的时候选择一个绝佳的角度猛地一跃，双手撑地，身子呈半蹲状，成功着陆。当然，这只是我美好的预想，实际情况是这样的：滑翔至一半便重重摔在楼道口，膝盖处血肉模糊，看得过道者心惊胆颤。更有甚者，被我"习武期间"猛烈的撞击声和叫喊声弄得噩梦不断，直至邻里投诉扰民。至今还难忘妈妈那又气愤又心疼的表情。"眼前忽现一道白光，'嗖'的出现一名蒙面侠客"这个梦从何而来，是武侠小说给我的兴奋剂啊，武侠梦过去了，童年的趣味留下了，顽皮捣蛋的名号留下了，还有那可爱可恨可笑的"纪念品"。

书让我变得"野"，背道而驰

稍长，少时浮躁好动的心逐渐平静下来，喜欢上了写景抒情类文章。"夜月一帘幽梦，春风十里柔情""四面荷花三面柳，一城山色半城湖"，那时候不懂格调韵律，只觉得在文人笔下所有的事物都变得十分美好。一阵微风、一轮明月都寄托着丰富多彩的感情，看到船儿、明月便起相思之意，看到绿树碧草便心生希望。记得第一次读到"月出于东山之上，徘徊于斗牛之间"时，我想到日出并不都如"清晨，一缕阳光透过薄纱"这般清幽淡雅，也有大气、豪迈之感。为了看到如此豪迈的日出，动员全家清晨登山，夜的寂静被一缕阳光打破，群山迎接太阳，万物舒展。当时登的山也不高，就在家附近，也没有感受到"徘徊于斗牛之间"的豪迈，但心中犹存这种感觉，此后便持着一份挑战高峰看日出的决心，在不断的征服中我爱上了登山，所以有时笑称书籍如媒人。原以为读写景抒情类文章会让我学会宁静，但我貌似还残留着少时的好动，也可以说是打破砂锅之精神。每每读到别人认为该闭眼享受此情此景时，却偏要去实践感悟一番。

我不排斥我的这种行为，至今还感觉挺难得的。享受美景可以以后甚至年老时做，但行动力会随着岁月的流逝而消退，年轻就要有所作为。

现在的我已成年，没有少时的冲动和天马行空，也没有养成作为一个女孩应有的文静。算是一个半成品吧，武侠小说已成追忆，抒情文章也时有涉猎。

书让我立志、求真

之后，我开始关注经济，对创业颇感兴趣，便陆续关注了马云、李开复等大咖，人物传记类书籍进入了我的书架。阅读此类书籍，我了解了团队精神的重要性，以及创业需要的永不言弃的小强精神，这对于我的学习甚至人生观产生了深刻的影响。

现在，我被一位国学大师吸引，他就是被范文澜先生誉为"国宝"的季羡林老先生。季老在语言学、历史学、宗教学等领域成就斐然，他的文章文字质朴，感人肺腑。季老曾说，"做人要真情、真实、真切"。这"三真"也是做人做事的原则，我被这"真"字深深吸引。现如今多少用情不真，多少报道不实，所以我认为真正做到这"三真"确实很难，季老做到了，我敬佩他、崇拜他。《超级演说家》冠军刘媛媛说："做可贵的年轻人，一辈子都嫉恶如仇，绝不随波逐流，绝不趋炎附势，绝不摧眉折腰，绝不失望于人性。"这也恰恰体现了季老的"真"字理念。

从呱呱坠地到现在，我读的书也不是很多，连书迷都称不上。然而，书是我人生的一部分，不是因为有兴趣才去读它，而是因为它不停地在我的生命中运转，让我与现实磨合，使我对它情有独钟。

读书在潜移默化中影响了我的性格和精神世界，读书二三事可爱、可敬、可随、可感。

我的阅读经历和主题阅读

朱一博

与书结缘，是从小开始的。在我的童年记忆里，有一幕弥足珍贵的画面。我的小学是寄宿制（一周5天在学校）学校，晚上最后一节课是半个小时的阅览课，同学们一边听着悠扬舒缓的音乐，一边看书。虽然小时候看的许多书我都忘记了，但是有几本至今仍然印象深刻。比如《格列佛游记》，当时我还不懂它里面的政治讽刺，但是它所展示的冒险活动、奇异国度、新的世界，都深深吸引了我。我认为我是一个爱听故事的人，我相信很多人也都爱听故事。而每一本书、每一个故事，都相当于一个新世界，可以任由我们的想象力驰骋。每读一本书，就等于经历了一次别人的人生，因此读书可以让我们的生命更厚重、更丰富。童年时代的阅读对于我而言，不在于带来了哪些实际的东西，而是给予了我阅读的兴趣和动力，让我迷上了阅读。我小时候很内向、很自卑，还结巴，但是在阅读的时候，我可以沉浸在自己的世界里，无忧无虑。不必担心考试考不好，也不必忧愁孤单一人。因此，对于我来说，阅读是我精神的避风港。通过阅读，我可以躲在文字的"象牙塔"中，逃避生活的单调。

到了初中，我们学校有推荐购买的统一书单。有所谓的必读书，也有一些我的确不爱看，而且看得很痛苦的书。我开始养成买书的习惯，我读过《巴黎圣母院》《茶花女》《欧也妮·葛朗台》《听听那冷雨》，这些都是我根据自己的兴趣买的。我在颜老师的指导下学会了画线批注的阅读方法，现在再去翻以前的书，虽然是"骇且笑"，但却倍感亲切。初中的阅读和语文学习带有一点规定的色彩，包括那篇在《中国中学生报》上发表的文章起初也是老师布置的任务，经过老师的指导修改才得以发表。初中的这些训练与培养为将来的阅读打下了基础。

我的阅读量开始呈现井喷式的增长，是从高一语文老师叶先生给我列的一份书单开始的。我高一时是语文课代表，我很喜欢叶先生教的语文课。那天上午我和叶先生交谈，最后我请她给我推荐书籍。她了解我的性格和兴趣，所以这份书单中的一些书，比如《南方有嘉木》，是比较温和的，很符合我内敛的性格。从这份书单起，我开始大量地选书、买书，我的书柜慢慢地丰富了起来，成了我的一方天地。我的书柜在床前，当我坐在床上看着书柜，知识的气息扑面而来，我会有一种幸福感和归属感。

慢慢地，我有了自己的主题阅读。比如高一时我喜欢川端康成，读了他的《雪国》。这本书最让我感动的地方是女主人公驹子虽然很爱男主人公，但她从不会想着依附他。接下来，我又读了《古都》《伊豆的舞女》。川端康成对于美丽而脆弱的少女的关心和他身上忧郁哀愁的诗人气质，深深吸引了我。我由《雪国》走进川端康成，再由川端康成进入日本文学。我读过许多日本作者的书籍，如明治的红露逍鸥、夏目漱石，大正的芥川龙之介、谷崎润一郎，昭和的太宰治、川端康成、三岛由纪夫，还有大江健三郎。高一时，老师带着我们去学校图书馆看书，我读着森鸥外先生的《雁》，下课铃响，同学们都去吃饭了，我还恋恋不舍书中的故事。日本作家对于美的理解，对于人生的看法，让我敏感的心灵得以细腻地感受周遭的世界。我在《细雪》里邂逅飘盈的樱花，在《古都》中见证坚强的北山杉，作者们对于自然景物的观察，融入生命的情思，让平凡的环境成画，构建起一个诗意的世界。

到高二，我的阅读开始转向民国文学。起因是鹿桥先生的《未央歌》。鹿桥本名吴讷孙，曾就读于西南联大。当时是抗战时期，条件十分艰苦，但西南联大仍然十分令人向往。书里有这样两句话："昆明的九月正是雨季的尾巴，雨季的尾巴就是孔雀的尾巴，是最富于色彩的美丽的。""他们一闭上眼，想起迢迢千里的路程，兴奋多变的时代，富强向荣的年岁，便骄傲得如同冬天太阳光下的流浪汉；在那一刹那，他们忘了衣单，忘了无家，也忘了饥肠，确实快乐得和王子一样。"诚然，西南联大是一座象牙塔，但里面的确充满了自由和民主的气息。一边是昆明秀美的风光，一边是浩瀚的知识海洋。西南联大不单单是我，也是很多人的"梦中情校"。高度的精神自由可以超越许多东西，比如物质条件的匮乏。梅贻琦校长讲过："所谓大学者，非谓有大楼之谓也，有大师之谓也。"大师带来了伟大的观念和思想。我从《未央歌》了解了西南联大，与西南联大相关的书还有岳南先生的《南渡北归》、张曼菱先生的《西南联大行思录》、费孝通先生的《乡土中国》等。从西南联大的相关书籍中，我们能够感受到它深厚的学术底蕴和人文内涵。从西南联大出发，我走进了整个民国，看到那段波澜壮阔的历史。我特别喜欢郁达夫，他身上也有一种忧郁的诗人气质。我常常泡在学校图书馆里读他的小说和散文。《沉沦》我倒是没有很喜欢，我很喜欢他的那篇《春风沉醉的晚上》。我也是从郁达夫那儿了解到一个观点——开卷有益，即使读到坏书，知道它为什么坏，也是有好处的。

随着我阅读能力的提高，高三，我开始广泛地阅读世界经典文学名著。像俄罗斯文学，它有着深厚的民族情怀和顽强的生命力。我读过肖洛霍夫的《静静的顿河》。我和我同桌一人一本（书有上、中、下三本），争分夺秒地看，现在想来还挺得意的——竟然坚持读完了。《静静的顿河》描写的是哥萨克民族的生活风貌，很有一种土地的、生活的气息，它也让我了解了什么是革命，什么是所谓的阶级斗争。再比如拉美文学，像马尔克斯的《百年孤独》《霍乱时期的爱情》《苦妓追忆录》，这些书的内容非常深刻，我的阅读也自然而然地不断深入，发现了一条精神探索的道路，开启哲学阅读。我是从文学进入哲学的，虽然读不懂哲学，但我还是稀里糊涂地读下去了。我的路还很长，但我知道我的方向。我很喜欢邓晓芒的一句话："其实，我学哲学就是要自觉地使自己成为越来越纯粹的人，自觉地抵制一切使人动物化、物化的影响。"我愿把这句话作为我终生的座右铭。虽然稀里糊涂，但是高中毕业后再回过头来看，我毕竟读过钱锺书先生、朱光潜先生对莱辛诗画异质说的评论、刘小枫教授的《诗化哲学》、宗白华先生的《美学散步》等。我还记得那时去图书馆选书、借书，我来早了，可是门口已经等了好些人——图书馆是要预约的。馆里很安静，也不乏有人坐在那儿写作业。我借了本钱穆的《现代中国学术论衡》，在笔记本上摘抄、写自己的理解。我认为思考这些问题——美、人生、理性——是非常有意思的。至于实际的效用，那不是我考虑的。趁着现在暑假，我买了许多书，列了读书计划——萨特的《存在与虚无》、马克思的《1844年经济学哲学手稿》、邓晓芒的《康德〈判断力批判〉释义》。

以上是我的3个主题阅读——日本文学、民国文学、哲学，是我根据自己的兴趣与思考能力在广泛的阅读中构建起来的。我认为既要有主题阅读，又要读得杂，要博览群书。这两者看似是矛盾的，但是许多书你只有读过了才知道自己喜不喜欢读。而且随着年龄的增长，阅读总是由这个主题奔向那个主题。每个主题之间是有联系的，它反映了人的精神发育的不同阶段。读得杂，难免也会遇到坏书。但是就如同前文所讲的，开卷有益。不过这需要我们有明辨是非、批判鉴赏的能力。这种能力也是在广博的阅读中培养起来的。说到杂，现在网络如此发达，这的确给学习提供了无数的便利。比如 B 站，我在上面可以听到全国一流大学教授的课程讲座，比如北京大学的叶朗教授、复旦大学的王德峰教授。这在过去是不敢想象的。再比如百度，动动手指就可以查到海量的资料。这是现代科技带来的便利和好处。因此，海德格尔对现代科技的批判，我认为还是失之偏颇的。要是没有它，我根本学不到那么多知识，那我又谈何诗化，谈何超越。

杨绛先生说："读书是为了遇见更好的自己。"我们读别人的人生、读历史、读世界文学、读哲学，其实最后都希望借此进入自己的内心世界、灵魂深处，发现更好的自己。自我和书籍不断交互，形成一个个主题。这是人生注释的集合。

三杂

朱玲依

我们希望纯净，希望简便，不希望杂乱，然而，街上有混杂的人群，山野里有杂乱的花草，有时我们的房间也比较杂乱，我们的心也会"剪不断，理还乱"。杂乱普遍存在于我们的生活中，让人不得不面对。但我却不怎么反感它。

一杂

近来，我们学习了《像山那样思考》这篇课文，它大致讲述了这样的故事：一座山里，当地居民为保护鹿而猎杀狼，结果因鹿繁殖过快，小草、树叶不够吃，致使山地荒芜，鹿群变为"饿殍"。这个故事启示我们：只有狼和鹿杂居生活，才能保证生态平衡。

我曾听母亲说："蚂蝗叮死人。"那时农民们赤脚下水田，割稻插秧，有时候脚上忽然刺痛，抬脚看时，一条黄色的蠕动的虫子在吸脚上的血，用手拉也不肯撒嘴。硬拉出来后就会有血流出来。它们都是潜伏的吸血者，是"敌人"。母亲说现在种田人幸福，没有蚂蝗了，连泥鳅、黄鳝也很少见了。

问题就出在这里。田里农药用多了，微生物都没有了，泥鳅、黄鳝要么直接被农药毒死了，要么没了食物饿死了。"纯洁"的田野就不是自然土质了。依靠人造肥料种田，我们的食物质量不如从前了。物种减少，长期下去，生态不平衡；我们的食物也有农药残留，影响身体健康。田野需要杂乱，需要污泥浊水，需要微生物和细菌。就像《像山那样思考》中的狼食鹿，鹿食草，构成食物链。一旦失去这种平衡，就会出现"鹿在死去，树在倒下，山在荒芜"的悲凉场面。

二 杂

现在经常听到忠告：多吃水果少吃肉，不要吃得太饱。为了美，要瘦身，就像古人说的"楚王好细腰，宫中多饿死"。有很多人提倡不吃晚饭，或者不吃早饭。

俗话说，"人是铁，饭是钢，一顿不吃饿得慌"，人体需要的各种营养来自食物。我们反对片面的"肉食主义者"，没有足够的食物，人的营养不良，何来健康？挑食者的后果是营养不良，杂食者很少有营养过剩的，各种运动就把能量消耗掉了。

说到运动，"生命在于运动"这是一句耳熟能详的至理名言。运动本身也是人们预防疾病、消除疲劳、获取健康长寿的方法之一。近几年来，随着人们的经济收入和生活水平不断地提高，自我保健意识逐渐被唤醒：有人去健身房健身，有人游泳，有人坚持爬山。

说到健康，有人想到卫生环境，周围要一尘不染，洗手要洗五遍、十遍，别人动过的不接触，我们通常称之为"洁癖"。他们以为这样就安全了，而科学告诉我们，这样的人接触细菌之后反而更容易感染疾病，因为在过于干净的环境中，身体已经失去了抵抗力。农村有句老话：不干不净，吃了没病。这道理有些过头，却也告诉我们，不要过分讲究卫生，要让自己生活在有细菌的环境中。

不挑食、不嫌脏、不挑运动方式、不挑运动场合，这样的人更能健康成长。经常在田野上奔跑的人，身体才能健康。

三 杂

作家林海音曾写道："你是吃饭长大的，也是读书长大的。"的确，吃饭犹如读书，吃饭摄取的是物质营养，读书摄取的是精神营养，吃饭为长身体，读书为长知识。读书如交朋友，父母、老师都希望我们交益友，好像一交"坏"朋友，就把自己带坏了。其实，人没那么娇弱，每个人身边都或多或少有"坏人"，我们避不开，也没被带坏。水至清则无鱼，我们身上也有很多不好的地方，我们在用我们良好的思想习惯不断平衡。书，也是杂的。如何择一本好书，如何选一个好友，这是我们经常面临的选择。一本好书就像一位良师益友，父母经常教育我们阅读名著，反对"坏书"，认为这些书会让我们变坏。其实不一定，青少年博览群书是王道，书是要杂着看的，十本书里有一本是"坏书"并无大碍，反而会帮助我们长点"见识"，认识什么是坏的，就像身体接触过细菌更有抵抗力一样。这不是鼓励大家读坏书，而是不要太紧张，以为一读坏书就会变成坏人。要知道，许多书读过了才知道好坏，我们是在辨别中成长的。精神也是在砥砺中成长的。作为青少年，我们应该多接触不同类型的书，也应在安全的前提下接触多样的社会。

我曾看到过这样一个故事：一对父母给了女儿 300 元，让她在一周内用完并回来分享感受。这个任务就是让孩子根据自己的需求做一个详尽的规划，从中认识到每个人都会犯错。人们经常会犯错，有一种教育观点认为，长大就是试错的过程，我认为有理，不过要在安全的前提下，同时，大错不能犯。而读书读得杂，恰恰就是从书中（别人身上）找到错误点，供自己认识。只有懂得其中的道理，辩证地看问题，才能权衡利弊，避免成长道路上付出不必要的代价。

大千世界纷纷扰扰，大自然因其杂而丰富。适度的杂乱恰恰是成长的好环境。只有经过了杂，见过了各种美丑后再静下心来，才能获得真正的纯净。否则，未见世面就纯净的，只能是幼稚。

读读苦难的书

韩轲妮

每到周末，温岭新华书店里的人便多起来，大多是一些中学生。他们站在一排排书架前专注地看书，时而为书中有趣的情节勾起嘴角，真是一道美丽的风景线。

我好奇地看了一眼他们手里的书，让我大跌眼镜，原来他们看的是《穿越就是要比王爷拽》等一类言情小说，怪不得看得如此津津有味。这一类言情小说在同学之间也曾传阅，我也翻看过其中几本，讲的无非是女主摔了一跤穿越到古代，当了官家小姐，女主的美丽、聪明、搞怪吸引了男主，两人经历了一番波折幸福地生活在一起。其中穿插各种搞笑的段子，如此而已。

这些阅读与搞笑的、轻松的、怪异的、刺激的阅读一样，总那么吸引人。长期耽于这种阅读，逃避现实，让人缺乏内涵。我们在情绪的快乐中浮游，而不是深入分析现实的艰难。完美思想作祟下，我们只看到公主王子式的浪漫恋爱而看不到婚姻厮守的艰难，好像我们只看到大老板的风光而看不到创业的艰辛。

成功者如马云，曾三次高考落榜。后来他尝试着创业，一次次被苦难打得遍体鳞伤，但他依然奋力与命运搏斗，最终他成功了。就是这样一个不怎么完美的人创造了比较完美的阿里巴巴，成为名副其实的"零售大王"。马云在诸多磨难下酝酿出他的《马云传》，书中写道："今天很残酷，明天更残酷，后天很美好，但大多数人死在明天晚上，看不到后天的太阳。"创业的残酷让他对苦难有更深层次的了解，尽管眼前是一片未知，前方的道路是用荆棘和鲜血铺成的，他却始终坚信后天是美好的，最终会迎接到那梦寐以求的曙光。

马云是幸运的。一个普普通通的人经过拼搏，取得了巨大的成功。而更多的人在坚持的道路上没有获得成功，更多的苦难者，他们得不到关注。我们的目光集中在成功者身上，更多的普通人无法进入我们的视野，包括我们自己。而忽略苦难，居然成了习惯。

所以我们应当多读读苦难的书，不仅要了解强者的天地，更要体会弱者的内心世界。尤其是命运逆转者，他们被苦难摧残、洗礼过的灵魂，分外敏锐，分外坚强，对于生命的探索宽广幽深，他们的精神事迹给了无数身处痛苦绝境的人们安慰、坚持的力量。

德国美学家席勒在《美育书简》中说："我们应当向具有如下观念的人致敬：忍受无法改变的，放弃无法拯救的。"苦难是财富，但谁都不想要。而这财富给了自己，又不能不接受。杨绛曾说："好多灾难只能接受，无法反抗。"面对命运，我们只能坚持。

《钢铁是怎样炼成的》的作者奥斯特洛夫斯基是一名优秀的共青团员，书中的保尔就是他的化身。保尔很喜欢看书，特别爱读《牛虻》《斯巴达克斯》等著作。保尔在战争中多次受伤，一次车祸后又做了手术，加之他忘我地工作，身体变得越来越差。1927 年，保尔完全瘫痪，接着双目失明。他被书本中的战士激励，以钢铁般的意志克服了病痛，开始文学创作。作家王尔德说过："在存在过的每一件精美饰物的背后都有着某种悲惨的东西，最卑微的花朵在饱受苦难之后终于开放。"人总要在一段苦难之后才会挣脱苦难的桎梏，虽然身体饱尝苦痛，但精神像钢铁一样坚毅。保尔在最后由衷地抒发了那段著名的内心独白："人最宝贵的是生命。生命属于人只有一次。人的一生应当这样度过：当回忆往事的时候，他不会因为虚度年华而悔恨，也不会因为碌碌无为而羞愧。"

面对大千世界，为苦难所累而放弃生命、为苦难所困而迷茫不前、为苦难所迫而苟且偷生的人比比皆是！当一个人处于苦难、迷茫、无助的境遇时，有人选择逃避，有人选择放弃，但也有人选择坚强。史铁生 21 岁那年，插队 3 年的他两条腿瘫痪了，如他自己说的："一个人的黄金时代，一个最'狂妄'的年纪，正憧憬爱情与未来的年轻人，从此被禁锢在轮椅上。"他也曾痛苦迷茫，也曾怨恨不甘，也曾午夜突然落泪"为什么苦难要降临在我身上"。他反复想着要不要去死？为什么活？荒芜却充满生机的地坛安抚陪伴着他，他终于明白"死是一件无论怎样耽搁也不会错过了的事"。他决定活就要活出价值来。经历了 20 年对苦难和生命的思考与叩问，他变得平静从容。40 岁那年，史铁生写出了充满人性光辉的《我与地坛》。

正如史铁生所言："谁又能把这世界想个明白呢？世上的很多事是不堪说的。你可以抱怨上帝何以要降这么多苦难给这人间，你也可以为消灭种种苦难而奋斗，并为此享有崇高与骄傲，但只要你再多想一步你就会坠入深深的迷茫了：假如世界上没有了苦难，世界还能够存在吗？要是没有愚钝，机智还有什么光荣呢？要是没有了丑陋，漂亮又怎么维系自己的幸运？要是没有了恶劣和卑下，善良与高尚又将如何界定自己，又如何成为美德呢？要是没有了残疾，健全会否因其司空见惯而变得腻烦和乏味呢？"他用他对苦难和生命的理解告诉我们生命在于坚持，他将在苦难中探索得到的智慧倾注笔端，给予迷茫者坚持的理由，给予不幸者生的信念。他用自己的灵魂编织纯净的世界，照亮人们日渐幽暗的内心，以健全的心灵寻找坚强的根源，这是他的可贵之处。

书籍传递精神。读苦难的书，使人深刻，了解现实，了解人性的幽深伟大，让我们对生命也有更深的感悟。人生并不十全十美，正因为这些不完美的存在，我们才更有与命运搏斗的意志。读苦难的书，超越苦难，让生命谱写出精神之诗。

我是怎么喜欢上哲学的

朱一博

关于哲学，我要特别感谢我高一的语文老师叶琳霄先生和图书馆老师江富军先生。没有他们两位先生，我也许很难喜欢上哲学。初中的时候，学校推荐《苏菲的世界》这本书，当时我没读，不然我的哲学入门可能在初中，但先生总结说初中时有可能因为太深奥硬生生地读而讨厌哲学，从此远离哲学，甚至厌烦阅读。可见书缘因人而异，正好在那个时间点上，在那个深度上，接触到了，就爱上了。不管怎样，小学与初中的阅读基础的确为后来的哲学兴趣打下了基础。我的"哲学启蒙"就从高中谈起。

事情还得从高一叶先生的那份书单说起。她推荐的主要还是文学家，不过其中有一位文学家兼哲学家——加缪。我买的《局外人》《鼠疫》是合在一起，由译林出版社出版。坦白地说，书的故事情节我明白，但思想内核却一无所知。后来当我读加缪的《西西弗神话》时，了解了"存在主义"这个词。于是我跑去问江先生（这时我已经认识江先生了），他解释了一番，并打开百度，带着我深入了解这个词和其所代表的哲学流派。我知道了克尔凯郭尔、尼采、胡塞尔、萨特、海德格尔等哲学家，以及"他人即地狱""生下我就是错""存在先于本质"等哲学命题。江先生和我说（大意），你刚生下来的时候与动物没两样，只有在慢慢长大的过程中给自己"下定义"，才能成为一个人。另一种解释是道德早已经存在，它是做人的本质，人是慢慢有道德的。我觉得这样两种说法非常有意思。江先生建议我今后向大学哲学教授请教，还给我推荐了刘小枫教授的《诗化哲学》，并把这本书借给了我。事后回想起来，我竟然硬生生地将它看完了。我们学校周五晚上和周六上午是留在学校写作业的，同学们在赶周末作业，我速度快，做完后往往一个人在那里艰难地啃《诗化哲学》。除了上述几位哲学家，我还了解了康德、黑格尔、歌德、席勒、荷尔德林等德国浪漫派诗哲。正是这本书，让我认识到自己的无知。书里讲到海德格尔强调的诗意的栖居，现在有人说"生活不止眼前的苟且，还有诗和远方"，我发自内心地疑问：到底什么是诗意？我自以为也算背了些诗，可我并不懂书中与"散文"相对立的"诗"的内涵。这种好奇、惊讶、疑问，激起了我对哲学（美学）的兴趣。

我与江先生的相遇来自叶先生的引荐。我高二的时候写了篇《霸王别姬》小说与电影的比较的文章，叶先生把拙文推荐给了江先生。江先生给我提了修改意见和提纲，使我最终完成了这篇《谁让艺术变态》的小评论。在写作过程中我开始接触美学，我在 B 站上听过王德峰教授的视频讲座，就买了他的《艺术哲学》一书，知道了黑格尔的那句"美是理念的感性显现"，以及海德格尔的那句"美乃作为无蔽的真理的现身方式"。《谁让艺术变态》讨论的就是艺术的自律性问题，到底是为了艺术还是为了真理而艺术姑且不论，但至少不应该为了权钱而艺术。正如康德所说的"无利害而生愉悦"，美是无功利的。在进一步的学习中，我读了宗白华先生的《美学散步》，朱光潜先生《谈美》《诗论》，还有王国维先生的《〈红楼梦〉评论》。我曾经拿着《诗论》去请教江先生王国维所讲的"有我之境"和"无我之境"。王国维所讲的"有我"其实是"无我"或者"超我"；而"无我"反而是"有我"。如同一个舞台，诗人正在台上忘情地表演，是"超我"，"我"已经融入了周遭的景物；而"有我"则在台下静静地观照。"愤怒出诗人"这句话是否正确，同样引起了我的思考，这其中是尼采迷醉与观照的辨析。

我有一段时间"沉迷"于日本文学，酷爱太宰治，也许这是青春期少年特有的伤春悲秋，但我自认为比周围的同学更敏感些。我承认我没有太崇高的志向，我有些狭隘，甚至自私自利。我缺少责任心，对于权力与金钱，也并不十分在乎。哲学阅读告诉我，这是我的无聊感。有时我突然感觉坐在热闹的教室里听着同学们稀里哗啦地读书，好像特别堵心。我把这理解为荒诞感，仿佛自己有了深层感悟——毫无意义，毫无意义。在叶先生妈妈般的敦促下，我才勉强回过神来，不然的话我就进入我的审美活动中——看小说、读文学评论，有点像芥川龙之介讲的"失去生活欲，仅剩创作欲"。我问江先生我是不是得了空心病，他说你要是真得了空心病，那反而是好事。听江先生的话要动脑子，他这话不是在损我，而是蕴含了一个精妙的辩证——当你真正认为无意义的时候，恰恰是寻找意义的开端。鲁迅先生讲"梦醒了无路走"，可是许多人还没醒呢。只有醒了，才谈得上寻找路。意识到生存空虚才会去寻找意义，而不是被规定意义。江先生的话恰恰是将孔子的"未知生，焉知死"颠倒了过来，"未知死，焉知生"，这是我的理解。孔子回避了生命消逝的问题，但正是因为生命终将消逝，才激发了我们对生的动力。波伏娃写过一篇小说，里面描写了一位永远不会死的人，可他却十分羡慕会死的人。因为永生的人很慵懒，反正死不掉，要做的事以后再说。而那些"反抗者"却能够兴致勃勃地做事情，完成一份事业。海德格尔提出"向死而生"，我们"先行到死"，死亡迫使我思考接下来的几十年，我要做哪些事，我要过一个怎样的人生。

在无意义中寻找意义，"于无声处听惊雷"。江先生说："不要担心叔本华消极，读他的书会影响我们的精神。如果读了《作为意志与表象的世界》，就已经是半个哲学家了，这时候还消极吗？思考消极恰恰是最积极的。"而对一切的思考，构成了我的哲理，我的思维层次。对"消极"的思考让我探究人性，探究社会众生。思考早已是我积极存在的起点了。正是这种思考使我捍卫了我生而为人的尊严，保持了我与现实的和谐对话，使我真正成熟起来。

在两位先生的引导下，我同样获得了人文精神的熏陶，譬如叶先生的作文课。高考作文客观存在，无可避免，但叶先生指出能不能在现有的模式下，写出一篇无愧于心的真实的文章。有一个作文题：当世界身处一片火海，年轻人读书的意义何在？叶先生在黑板的左边写上"火海"，右边写上"读书"，让同学们在黑板上写些关键词。陆陆续续地，"火海"的这块黑板上写满了有关当今世界与社会的问题。叶先生在这堂课上就一个一个地解析这些问题，最后得出结论：我们读书的意义在于正义、规则、平等、公平。叶先生说我们写的那些假大空的文章就不要交上去给她看了。她还说"枪口抬高1厘米"，我眼眶一热，差点哭了出来。叶先生教育我们要依从自己的良知。也许她并没有教会我很多具体的学问，但这种人文精神的传递不仅仅限于哲学，也在人格的养成上给了我极大的裨益。

中学生读哲学不空不难

曹　起

在学习过程中，大部分同学或多或少都受到过学生范文的影响。许多老师也鼓励学生去模仿，虽然可以快速提分，使语句变得优美，但缺少了一定的思想深度和对世界、对社会的认识，可能不利于今后的发展。同时许多中学生认为哲学很空、也很难，也就避而远之，导致中学生缺少有深度的阅读。

但笔者以为，哲学不空，方法得当的话也不难。

哲学阅读，空而不空

哲学作为人类思想的光辉，关注的恰恰是与我们息息相关的事。我是什么样的人？为什么存在？我的本质是什么？人与人的关系究竟怎么样？

人与动物的区别是什么？阅读哲学有助于我们看清事物的本质，找到想要的答案，解放我们的思想，形成属于自我的认识。中学生处于一个快速成长的阶段，难免会有一些迷茫。加上当前社会竞争激烈，社会快速发展，各种观念、各种诱惑纷纷呈现，所以如今的中学生比以往更加迷茫。随着人们物质生活水平的不断提高，部分家境富裕的同学不必为了自己的生存而读书学习，就更多地转向对人生和自我存在的思考。就像西方哲学的发源地——希腊城邦中发生的情况一样，人们在满足了物质生活后，转而把目光投向世间万物，哲学应运而生。同时，一些地区奉行片面的应试教育，中学生考试压力日益加大，更加重了中学生的心理困境。在一番摸索后仍找寻不到想要的答案，迷茫扩大了，压倒了他们的精神。父母和老师给出的"正确答案"满足不了中学生的精神需求，同时中学生已经形成了一定的抽象思维，逐渐有了独立思考的能力，能够接受基本的哲学观点。而对于自我存在的思考，只有通过自己钻研得出结论，才能满足自己。显然，中学生需要哲学。

中学生有激情、爱辩论，生活中的小事都会激发出一大堆道理，或多或少都会涉及各种哲学命题。如在读书会中，我们曾对高一和高二的校服，以及其他学校的校服进行比较。在讨论和研究中，了解了服饰的一些基本要素，体会了制服蕴含的美学命题、制服的权威与平等元素、职业身份表达等丰富的哲理内涵，加深了对美的感知。这些认识从生活中来，融入生活中去，从书本走向实践和生活，培育出发现美的眼睛。美学属于哲学，是从哲学中分离出来的，可见阅读哲学需要一定的表达场所，就像"读书会"这种社团。此外，现在中学生心理问题比较多，产生的原因除了压力大，也由缺乏表达和沟通造成。而这些讨论恰好能够舒缓心情，调节情绪，激发生活热情。

心理学也是从哲学中分离出来的。美学、心理学看起来好像都不实用，实际上空而不空，对中学生有大用。

哲学阅读，难而不难

哲学难懂是常事，可能连一些老师都无法真正了解一些哲学的内涵和精髓。然而我们阅读哲学的目的不是求全懂，只求有所接触，难中亦可找到使其不难的方法。首先，我们可以采用文摘式阅读。课内的必读书需要我们整本啃下，一些课外读物则可选段选句，摘录品读，尤其是哲学类读物。一些语句我们中学生难以理解，先摘下来慢慢琢磨，或者挑自己能看懂、能接受的来阅读。这样不光可以节省许多时间，也可以让自己重读时有点基础。慢慢地形成最基本的框架，才是哲学阅读中最重要的。在读书会中，已经有部分同学在编写哲学文摘。在语录阅读中触及生活，联系情感，有了体验感就更喜欢哲学了。其次，作为中学生，我们应当懂得通过"桥梁"来阅读，桥梁是通向彼岸的媒介。直接阅读哲学名著不如去读那些名家所写的"注释"，它们以通俗的语言表述哲学思想，能够让我们更好理解其中的内涵和精髓。如《打开：周濂的 100 堂西方哲学课》，该书阐述了西方从古至今大部分哲人的思想，简洁易懂，十分适合中学生阅读。还有如邓晓芒的《哲学起步》和罗素的《哲学简史》，这两本书十分适合我们这些没有哲学基础的中学生阅读。周国平的《幸福的哲学》和《愿生命从容》等散文集也涉及哲学内容，语言通俗，具有大众化的风格。周国平还选编了一本《给孩子的哲理》，其内容完全适合我们中学生，值得阅读。现在多媒体发达，我们也可将之作为桥梁。如 B 站，就有许多相关的优质视频。

像"北大外国哲学研究所"和"济心理"等 up 主的一些哲学讲座推送视频，有利于我们加深思想认识。最后，同学们还需要多多进行讨论交流。如上所述，一些人年轻气盛，十分"好斗"，我们应该发扬这种思想上的"好斗"，以此成为阅读哲学的动力和发现问题的源头。讨论让我们的思想"公之于众"，并使之不断完善改进，逐渐成熟。言语、思维的碰撞，必会产生思想的火花。一群志趣相投的人花上一天的时光去辩论，唇枪舌剑、天南地北、翻江倒海，无疑是一件人生乐事。

哲学并非中学生遥不可及的东西，它高而可攀，难而能进。随着人们的文化水平不断提高，哲学成了我们的生活需要，审视自我、探究人生、提升境界。我愿意随着哲学阅读，仰望星空，脚踏实地。

哲学，因你我走向远方。

我看不靠谱的梦想

郑　敏

前不久的期中考试，高二语文卷作文以"不靠谱的梦想"为题。作文提供了一段材料，提出"不靠谱的梦想该不该劝阻"的问题。我们先不作结论，从中提取两个关键词："不靠谱"和"梦想"。

暂且放下"不靠谱"，单论梦想。就我个人理解，梦想既然带一个"梦"字，便与"理想"大相径庭。若说现实是唯物主义的，那么梦便是唯心主义的"造物"：梦中意识决定物质，梦中我想飞便飞了起来。梦本就是感性而不切实际的，甚至可以说有些疯狂。梦与梦想的构成都是幻想，像烟雾，虚无缥缈、遥不可及。一言蔽之，就是"不靠谱"。理想则充满理性，它是基于个人、家庭、社会、人文等诸多现实因素做出的合理且实际的未来规划，比较切实，也就是"靠谱"的。所以，纯粹的梦想都是不靠谱的，靠谱的梦想就是理想了。

许多人认为不靠谱的梦想该被劝阻是因为"不靠谱""不现实"。但我想，不要急着靠谱。从"不靠谱"到"靠谱"，从"不现实""超现实"到"现实"，需要一个过程，也就是把"梦想"变成"理想"需要搭一条线。如果梦想是浮于半空的蜃楼，理想大厦则需要稳固的地基，把"梦想"变成"理想"的过程就是"着陆"。

梦想的出发点可能是爱好和偶像。例如一个小朋友，他的爱好是看动画片。在看动画片《西游记》的过程中，他认识了孙悟空这么一个人物，自然而然会向往，从而以孙悟空为偶像，由此确立一个梦想，就是成为孙悟空。这是梦想产生的过程。而随着他逐渐成长——成长是一个缓慢接触现实的过程——随着对事物认识的深入，他会认识到长大后也必然不能成为孙悟空。孙悟空作为一个神话人物，永远不可能出现在现实中，这时他会把孙悟空抽象化。把一个具体的角色抽象为几个特征，例如"嫉恶如仇""惩恶扬善"，例如"无所不能""火眼金睛"，再把这些特征现实化，他会努力成为一个诚实正直、功夫高强的人——如警察。他的梦想就由"孙悟空"变成了"警察"，把梦想变成了理想。很多人都忽略了一点，题干中拥有不靠谱梦想的人是孩子，孩子是会长大的，成长的过程其实也是"着陆"的过程。

一个正面的偶像能帮助孩子拥有美好的梦想，即便这个梦想虚无缥缈。拥有梦想就拥有了前进的方向、成长的动力、生活的信心。随着不断长大，浮于半空的孩子会逐渐着陆，找到一个适合自己的兴趣点。贸然击碎一个孩子的梦，会使他骤然失去方向，茫然不知所措，这样的孩子容易误入歧途。

随着年岁渐长，我们依据理想与自己的实际找到职业，这是梦想现实化的最后一步。当有了确切目标的人不断追梦，化为理想的梦就会给人幸福感。如果仅出于理性的思考或者长辈的建议，做了一份仅为了衣帛食肉的工作，那么我可以说这份工作是没有灵魂、没有激情的，像个兢兢业业的工作机器，朝九晚五。因为梦想使一个人更加深刻地接触世界。若说成长使人认识世界的宽度，那么有梦想、有精神的工作就是探索世界的深度。单从生活的动力与激情考虑，基于梦想的工作本身便拥有用之不竭的动力——梦想源于爱好和偶像、源于对美的本能追求。出于爱好而去做的事，总会有无穷尽的动力。这使得有梦想的人较仅为了生存工作的人更不容易倦怠。把梦想化为理想，再把理想变成职业，其实我们在工作的本身也是在追求梦想。

我们可能有多个梦想，其中只有一个梦想可以现实化为职业，但这不代表放弃其他梦想。工作的同时我们也能去追求另外的梦想，把它作为爱好来对待。工作的同时亦不妨阅读相关书籍，做些小成果，自娱自乐。没准能像东野圭吾写出《放学后》一举成名那样，发现自己另外的天赋。

既然工作的人也能追求梦想，那么已过而立之年的成年人、背负着家庭责任的成年人，是否还能拥有梦想？还可以追求梦想呢？我认为成年人可以拥有梦想，但是不应该抛下一切去追求梦想。因为他的肩上已承担了太多的责任，他需要赡养年老的父母，抚养年幼的儿女，若抛下一切去追求梦想，本身就是一个非常不负责任的行为，也就是"不靠谱"。

其实，从梦想到理想的过程也与时代的发展有关。例如，古人想飞上天空，想登月。在当时看来，这是一个不可能完成的目标，为飞天而绑上爆竹自爆的陶万户更被打上了"疯子"的标签。但这个梦想放在现在却已经不再是梦想，而成了切实可行的理想。这一切归功于科技的发展、时代的进步。只是这个进步所要经历的时间过长，需要几十年、几百年，甚至几千年，不是个人的寿命所能达到的。它是拥有同一个梦想的几代人不懈努力积累而成的果实、"谱成的曲子"，超越了现实。

　　所以梦想一定要实现吗？不一定。我们坚持梦想的过程，其实就是为时代的进步做出了努力。功成不必在我，必要的牺牲在所难免，但梦想应该坚守，那些为梦想舍生忘死的人更该被尊重。梦想对人的精神引导力量是无穷尽的，相比迷乱的痴心妄想，它是天边闪耀的引路星。我们不必摘星，但在奋进的路上切记时时仰望星空，望望那颗属于你的星。

让心灵充满阳光

毛昱欢

我曾问自己：我有理想吗？我的理想是什么？

小时候父母问我长大后要做什么，年幼的我兴致勃勃地回答："长大了我要当科学家！"父亲拍拍我的头："很好，但如果当不了科学家，也要做普通劳动者！"我似懂非懂地点点头。其实我想做的是孙悟空，做个最强大的人，但我知道做不了。随着我长大，我想过当医生、当律师，想过做英雄拯救天下。

现在，我明白，我要做好一个普通的人，一个善良的人。

自小在大人们的眼中，我是个文文静静的女孩子。我可以蹲在隔壁的小狗面前和它聊上一天，也喜欢在太阳下面对着一棵树发呆大半天，而最让我开心的，是和一些伤心的小朋友聊天。当我看到他们脸上重新挂上笑容的那一刻，心里总是满满的。我还记得那时候我家后幢有个小男孩，他总喜欢独自一人坐在门前井台上，双手紧紧抱着膝盖，木然地注视着远方。

我常走过去坐到他身边，静静地注视着他，扬起一个灿烂的笑容。他有时转头瞥我一眼，启一下嘴角，回头就不吭声了，有时又朝我打量一番。

我不由得想起大人们总是用奇怪的语调说起他，称他为"呆子"。他们总是说："不要去找他，他会打你！""不要和他玩，他脑袋有毛病的！"……甚至用来吓唬不好好吃饭的孩子们："再不吃饭，那个'癫'来了！"那时候总是不懂，他只是没有和我们一样正常地讲话，但没有欺负我们，怎么就是"癫"了？

到初中后，我才了解，他们口中的"癫""呆子"，其实更多的是"心理疾病患者"。他们是痛苦的，无法控制自己的言行，在自我意识中挣扎，表现出一些怪异的举动，成了别人眼中的异类。我们怕他们，其实他们才是弱者，是真正需要帮助的人。我想帮助他们，我有一颗热乎乎的心，我有很多故事可以讲给他们听，很多快乐可以和他们分享。直到我上高中开始接触心理课程后，接触到另一个男生的心理世界，才算真正意义上认识了"呆子""癫"。

我的一个初一同班男同学，高一时与我同校。我记忆中的他，总是顶着小平头，白净的脸上总是带着阳光般温暖的笑容。他爱看书，初一的那些周末我们曾一起去图书馆坐上一天。那时他很阳光，连他周身的空气都仿佛是温暖的。初二时，他转去城里的学校，现在又同校了。我兴奋得主动上前与他打招呼。当他抬起头的那一瞬间，我整个人都愣在了原地——仍是那双漆黑的眼睛，却没有了亮光，脸色晦暗，一头略长的头发，微微弯着腰，目光着地，像是在地上发现了什么。他抬起头，看了我一眼，好像不认识我了，又好像突然记起什么，快步走了。

我就特别好奇，他怎么了？接触下来我才明白他有心理问题了，也了解到他在吃药。我想到了从前的小男孩，联系起在心理课上学到的一些东西，就有了帮助他的想法。根据心理老师的建议，我经常做些卡片，写些激励语句、笑话幽默给他，还送他些小物件。我努力试着让他说话，而他说话时总是东一句西一句的。我问他看什么书，他说要做神仙，我问他叫什么名字，他说是东京人，他会突然脸色迷茫地说："我……爷爷……不见了……都走了……"他时不时情绪突然激动，五指紧握，手背青筋暴起，脸色发白，紧咬牙关恨恨地说："逼我……都逼我……"而下一秒会突然惊慌地埋下头，颤抖着说："我……我要回阿拉伯去……我……我母亲是仙人……我要回去……"开始我有些吃惊，后来我听完之后总是沉默、无奈。在他讲述时，我眼前分明地出现一幅幅所谓"心理疾病"的图景，我很激动，也发自内心惋惜，他曾是那么好的一个人，而我能做什么呢？我的那些浮于皮毛的心理学知识，对此根本无从入手。我只能看着他因为药物一天天胖起来，走路笨重的样子。我内心焦躁无比，而他在我一次次的主动分享中无动于衷，甚至对我一次次的安慰显得不耐烦。我心中的不安一天天在扩大，终于在一个星期五放学之后，他退学了。有同学说他转学了，有同学说他去医院了。而我骤然间失去他所有的消息，心中的挫败感扑面而来，我深深地审视自己，第一次发现自己能做的竟如此微不足道。在他走后，我很想自己将来成为一名心理老师，过去没能帮助他，未来我希望能帮助更多像他那样的人。

再后来我与心理老师有了更多接触，在一次谈论中，她提到了那个男生，他是休学去治疗了。"他父母说，他曾经很乐观健康，谁知道会变成这样，初中时变的。"心理老师转述时，无不透露出惋惜。是啊，多好的一个少年。

而后老师向我简述这个职业，这是一个付出很多、承担很大压力才能有所成就的工作。很多时候承接了病人的心理废气，病人出气了，自己窝气了。我看着她，二三十岁的大好年华，每天重复着心理咨询，接受心理患者的压力，无处转移，必须自己减压。我崇敬起来，自己胆怯了。我真的有毅力坚持下去吗？几年甚至十几年，漫漫长路。

最终我决定坚持的原因还是碰到了那个同学。不久前，一个平常的午后，走在街边，恍惚间发现一抹熟悉的背影。我快步冲上前去，看见了他。我对着他回避的目光，叫了他的名字，他缩起肩膀，连着向后退了两步。我伸手拉他，心理老师说病人最需要人亲近。他警惕地看着我，甩开我的手。他看是我，居然笑起来，而且叫了我的名字。这时我好兴奋，我问他现在在哪里，他说在家里。我明白了从医院回到了家里，我明白他失学了。我和他讲起了故事，讲起了那个王小二，那个戴帽子的朱老师，那个说笑话的大胖子跌倒在地时的丑态。他笑意渐开，他开始描述王小二那时与他争吃饼干的事，描述那时我们在图书馆反复说到的故事："大胖子钻到桌子下，桌子被掀起来了。"他居然哈哈哈地笑起来了。我紧跟着笑，好让他更多地开怀大笑。心理老师曾说过，当一个病人会与你对话，你就成功了一半。我顿时有了成就感，尽管我知道他是在医院里接受了几个月的治疗，吃了好长时间的药。但药物之后需要长时间的心理疏导，否则会复发。我仿佛掌握了心理辅导技巧，我感觉自己已经是心理老师了，想象着我将来穿上白大褂的样子……

正当我陶醉在成功里时，他突然说："你……你不要过来……不要过来……我……不记得了……不记得了……"他突然间犹如火上的蚂蚁在原地焦躁起来，浑身颤抖着，语无伦次。我懵了，手足无措，如果是医生这时会怎么处理？我不敢再刺激他，他一步步向后退去，转个身走了，留给我摇摆的背影。我独自一人留在原地，有些愣神。我心里一阵阵酸涩，不由得握紧了拳头。我告诉自己，我一定要成为一名心理老师，一定。

回顾这段心路历程，我开始了自己的职业规划，我有了做心理老师的理想。父亲说的热爱劳动与我的长大当个科学家，都没有错。从小事做起，坚持做到底。做一个普通人，做一点善事，力量大起来，再做大善事。能力越强，责任越大。

如今，我的书架上多了几本书，弗洛伊德的《精神分析引论》、阿德勒的《自卑与超越》、荣格的"集体无意识"系列图书，还有几本心灵沟通的书。

最后，有一句话送给心理老师，也送给未来的自己：理想让我们心灵充满了阳光，让我们不是帮助衣装靓丽的那些人，而是帮助一个个别人眼中的异类。

中学生需要休闲阅读

戴新浩

古语有云：有书真富贵，无事小神仙。读书被归为十大雅事之一，同焚香抚琴一样，可以"偷得浮生半日闲"。

如今，休闲阅读的仿佛大多是成年人，对于中学生而言，阅读普遍是为了应付考试。比如，相当一部分中学生看《红楼梦》，背一背作者是谁，十二金钗的判词是什么，重要的人物有哪些，并没有真正爱上《红楼梦》。成年人在没有压力的情况下读《红楼梦》，作为闲书，反复赏玩，时不时聊聊黛玉和宝钗，这种休闲阅读反而是真爱。

休闲阅读的内容不只是《红楼梦》等"课外必读书"，还可以是大量的课外书、报纸杂志、网络文章等等。这些是很好的养料，在孩子还小的时候，家长支持小孩子读课外书。可当他们长大了，读中学了，课外书似乎就成了人们眼中的"闲书"，读"闲书"反倒成了一种罪过。

造成这种现象的原因是功利化阅读占据了中学生阅读的大部分，导致人们普遍认为，读书就是要下死功夫。休闲阅读是很享受的，有些父母认为"贪图享受"是惰性，甚至是可耻的。

有人说，教育要培养"享受能力"，我很赞同这种观点。阅读享受是很重要的。小孩子的书都是很有意思的、闲适的，读起来没有负担，所以很享受，于是他们就有了看书的欲望。中学生也需要兴趣来坚持。如果中学生只是一味地紧张读书，那么在潜意识里阅读就是一件痛苦的事情，长久下去，慢慢就丧失了阅读兴趣。要想让中学生愉快地阅读、享受阅读，就必须给他们一部分休闲阅读。

梁实秋先生曾说："人在有闲的时候才最像是一个人。手脚相当闲，头脑才能相当地忙起来。"而休闲式阅读就是一种手脚上的休闲，看似清闲，实际上阅读者思维很活跃，活蹦乱跳地，一下从柏拉图钻到老子，又从马克思那里钻出来。自由也是休闲阅读的核心点之一。休闲阅读的内容是自己感兴趣的，不感兴趣就跳过呗。正是由于这种跳脱，休闲式阅读所接触的知识面是很广的。我有一个书友，他的阅读是从小开始的，他读的书大多数是休闲时读的。他阅读的知识面非常广，从日本文学，到民国风文学，到世界文学，再到哲学、社会学，这都是由于他把阅读作为一种赋闲。忙里偷闲是很快乐的，快乐着快乐着，就读了许多书。

休闲阅读给自己树立信心。因为通过休闲阅读可以见多识广，中学生在遇到困难时会更有信心解决问题。我对此也颇有感触，我爱上哲学是在看了威尔·杜兰特的《哲学的故事》之后，书里给出了很多哲学名词，阐述了辩证法、形而上学、科学和哲学的关系等等。虽然我只是把看哲学书当作我的消遣，但也为我的学习打下了一定基础。在思政课里学《哲学与文化》的时候，当先生抛出一个概念，我虽然还没懂，却有信心搞懂它，毕竟我早就见过了。

　　休闲阅读还可以让中学生知道自己究竟对什么感兴趣，明白自己究竟想做什么。休闲阅读的时候，学生心里没有其他念头，很容易让兴趣跑进自己的心里。"一个人要是知道了自己存在的意义，他就会为了实现这个意义做一切想做的事。"只有见过更大的世界，找到自己的意义，中学生才能更好地努力。

　　休闲阅读缓解我们在物质世界里的压力。我有一个书友，临近考试了，还要去图书馆看点"闲书"。一位学姐就开玩笑，说书是他精神的港湾，他在阅读的时候休闲、放松。临近考试容易紧张，为了对抗这种紧张，他就跑去看书了。确实是这样，当今社会很急躁，人们太忙了，没时间照顾自己的灵魂，养育自己内心的"小孩"。这也导致了心理疾病越来越多。休闲阅读是慢节奏的，平静、祥和，让你慢下来，戒去浮躁。我们不妨慢读一篇文章，闲适地体会一首诗，以此作为缓解当下社会焦虑的解药。

　　有了信心，有了爱好，又少了焦虑，很难有人不爱生活。

　　休闲阅读可以弥补课内阅读的不足。我们说人的成长可以分为三个方面：生理的、知识技能的、精神的。生理方面，我们有体育课、大课间；知识技能方面，有各科课堂；精神方面，光课内无法满足我们的好奇心。课外休闲阅读开阔了我们的视野，把我们与世界、历史、宇宙在意识中自由地联系起来，这是充满个性和选择性的，能发展自己独特的能力，能找到自己独特的价值，在阅读中树立人生观。精神在此发育成长。

　　综上所述，中学生休闲阅读是无用之用，短期内看不出效果，时间长了，对各个方面都大有益处。因此中学生千万不能只是功利阅读，一定要有适度的休闲阅读。

纸质阅读与电子阅读并行

林于入

在新技术横行的时代，电子书、有声书等新形式让人们的阅读不再仅限于纸质载体。通过网络媒体阅读成为一股新的潮流，传统阅读因此受到质疑，这也引发我们对阅读方式的思考。

纸质阅读形成实体环境氛围

传统纸质阅读相对古老，是依托报纸、书籍等传统纸质媒介获取信息的阅读形式。传统阅读带来的魅力是无限的，有的人坚持每日等报、读报，每月期盼喜爱的杂志到来，有的人常坐在书店、图书馆看书。无数人热爱翻动纸页的感觉，甚至热爱纸页特有的油墨气味。报纸、书籍，都实实在在地在那儿，安静地等待着翻开书页的人，与他进行一次崭新的对话，带他走进它积淀已久的世界。人们爱这种"实"的感觉，是可触摸的、可直观感受的。

很多人都会为自己设一间书房，给书房取名。刘禹锡给自己的书房取名为"陋室"，蒲松龄取名为"聊斋"，梁启超取名为"饮冰室"，他们的作品也以其书房命名。书房是他们自得其乐的地方，不仅寄托了他们的雅趣，还承载了他们的精神。选一个小房间，在柜子、架子上摆上各种各样的书。在书房里看书、写字、创作，也给自己一个放空身心的地方，尽情阅读、尽情思考。刚进入高中时，读书会先生布置过一个作业——给自己的书房起名。"阁亭堂轩"等字眼在不知不觉中触动着我，或许是因为起名本身的风雅，又或许是独特的仪式感，推敲多个意蕴、查阅文字意思、观察它们的字形，甚至排列它们的视觉感受，让我发现文字的魅力远不止课文注解的那些。起名的过程更吸引我去打造自己的读书天地。摆上喜爱的书、喜爱的文具，随心所欲地布局，为自己找个寄托热爱的小空间，让阅读的热情自由迸发，我想这是书房独一无二的意义。

书房营造阅读氛围，这也是纸质阅读带来的独特效应。每当看到一排排整齐的书，心里就十分舒服。一本本方块形状的书，更能勾起人们阅读的兴趣。我们需要一个从心底认同的读书环境来促进自己阅读，就好比在图书馆比在卧室更有阅读兴趣，更能迅速投入阅读状态，且更有阅读效率。即便我无意看书，但一走进书店，闲适的氛围、廊道上津津有味读书的人们、整齐排列的五彩斑斓的书脊、意想不到的封面搭配、别出心裁的书名，都紧紧拽着我的双眼让我逗留。再看一会儿，再看一会儿，这本很有视觉冲击，这本的名字好有趣，这是上次读过的书，那本之前还没来得及读完，那本也是这个作者写的……每本都有意思，往往翻阅几页，便一发不可收，慢慢读了下去。这样的方式也让我不知不觉读了好多书，体悟工序精确才能完美做成的舒芙蕾，共情即便在黑暗的战争年代也有属于小女孩和老头儿的光，品味汉字徐徐展开的历史长卷……摆满书的地方让人不自觉投入其中。正如博尔赫斯所说，"天堂应该是图书馆的模样"。

实体书带来的视觉效应，也体现在我们的生活中。上班族想要进行感兴趣的阅读，有时却力不从心，落不到实处。此时，只需要把简短的诗歌、富有哲理的名句写在纸条上张贴起来，在不经意抬头看到时，似乎看见了崭新的风景。如喜欢读海子的诗，写下"做一个幸福的人，喂马、劈柴、周游世界"，在工作之余，似乎能感受到徐徐的海风，像是真的"面朝大海，春暖花开"，释放压力，感受美好。也许，在纸质阅读的影响下，读者也会同时成为写者，在边上写下自己的仿句、感悟，看见别人的和自己的方块字层层叠叠交错在一起，又是别样的乐趣。因此，在数字化阅读和新媒体传播迅速发展的今天，纸质阅读对我们来说仍有巨大的魅力和不可替代的作用。

网络阅读打破时空限制

据统计，2021 年我国成年国民图书阅读率为 59.7%，较 2020 年增长了 0.2%；数字化阅读方式（网络在线阅读、手机阅读、电子阅读器阅读、Pad 阅读等）的接触率为 79.6%，较 2020 年增长 0.2%。数字化阅读的趋势不可阻挡，电子书的方便快捷，给人们的阅读以新的选择。特别是在旅行或是阳光正好、周边安静的氛围下，总有突然想读书的想法。这时解瘾的最好方法莫过于阅读电子书。也会有需要大致翻阅相关书籍，进行资料收集的时刻，电子阅读则更为方便。电子书的便捷，不仅在于随时随地的阅读，还在于其存储记录的功能，不再有找不到上次读到哪了的烦恼。我曾在写读后感时，发现主人公的成长与原生家庭息息相关。这让我想要阅读更多与家庭相关的故事，感受孩子与父母之间的联结，促使我连夜看起了周国平的《妞妞》，一气呵成，最后满意地关上了手机。在与老师分享我的读后感后，老师也找了电子版阅读，及时分享感受，并为我提供了修改建议。

随着新媒体的发展，公众号、视频等一些新的方式也极大地增加了人们的阅读途径。新媒体阅读推广则更及时，充满了时代的魅力。

公众号等文本类阅读推荐带来的大多并非整本书，并不直接展现全书内容，而是由运营者进行二次创作，通过截取内容、分析语段、发表感悟等方面完成推文，也让读者把从片段引发的兴趣延伸到整本书的阅读，由点到面，从而向更多人推广。有时公众号可直接与读者互动交流，让读者参与知识建设，产生志同道合的亲切感。正如"1000 个读者就有 1000个哈姆雷特"，人们形成交流圈，分享更多的观点，从书中挖掘更多的细节进行思考。临近高考，语文老师收集了很多公众号推文，让我们在课余也能收集网络素材。其中有名家作品分享，印象最深刻的一篇文章是《三联生活周刊》上朱伟的《王小波逝世 25 周年：回望他的精神家园》。他记述了记忆中的王小波，回想王小波的写作历程，表达感慨与思念。一篇穿插王小波短短几句话的文章让我对他的文字产生了极大的兴趣，我立马找了文件夹中所有王小波的作品。直到现在我还能想起"生活就是个缓慢受锤的过程"，这句话充满无奈但又有戏谑意味，感到有趣的同时又猝不及防回归现实。带给我更大触动的是网友们的评论，有人分享："我想爱，想吃，还想在一瞬间变成天上半明半暗的云。""我希望我的自我永远滋滋作响，翻腾不休，就像火炭上的一滴糖。"有人回忆最喜欢《绿毛水怪》，但《爱你就像爱生命》仍然是我心中的爱情圣经，又想起了《我的精神家园》。还有人讲述，这周刚好在重温王小波的书：20 岁读他的作品酣畅淋漓，50 岁读他的作品泪流满面。我似乎不再只读王小波，我读到了芸芸众生，感受着他的文字带给人的力量。这一届高考我们考得特别好，语文更好，大家都总结说是我们有好多公众号的缘故。

近几年有声书在各类 App 上广受欢迎，让我们听到有声阅读。曾读到汪曾祺写栀子花——栀子花粗粗大大的，又香得掸都掸不开，于是为文雅人不取，以为格调不高。栀子花说："去你妈的，我就是要这样香，香得痛痛快快，你们他妈的管得着吗！"极具语气色彩，让人想要模仿栀子花的那股不满劲儿，还忍不住多听几遍。当我向大家推荐阅读《一个人的朝圣》时，我就想把书中的句子读给大家听："指甲缝里塞着泥土的感觉，真好。""他这样坚定地走着，好像等了一辈子就是为了离开椅子，像现在一样，走在路上。"朗读作品，代入书中的角色，用声音去品味，似乎更能身临其境。以声音为特色的阅读传播还逐渐演化出了各种各样的形式，如自制视频、广播等。

人们常苦闷于节奏紧张而无法抽时间读书，设想在上班、上学的路上，打开电台，收听一档阅读栏目，或点开一个几分钟的视频，瞄一眼今天的更新书目，利用碎片化时间满足自己对读书的渴望，这何尝不是一种幸福的体验。

B 站知名 up 主小隐经常发布自己的读书视频，更新自己近期的阅读书单，分享自己的阅读感受。通过一个个完整的视频与观众互动，点燃观众的阅读兴趣，推动一个人的阅读变成一群人的阅读，将对着视频索取消遣转变为主动寻求阅读。曾看过满分作文《生活在树上》，开篇作者说想像树上的男爵一样生活在树上，改卷老师评价过于晦涩。我便擅自将文中的字眼都贴上了难懂的标签，尽管觉得这样的字眼很有趣，也以看不懂为由草草略过。直到看到小隐最新的读书报告——《树上的男爵》，熟悉的字眼让我毫不犹豫点开了视频，"柯西莫通过爬树去到整个城镇不同的角落，站在树上，跟不同的人对话聊天……"看完小隐的视频，我对《生活在树上》也有了新的理解，其代表自由、浪漫与成长。成长并非只发生在地面上，跳出地面，仍有广阔的天空。她的阅读报告打破了我的刻板印象，使我也想要去读一读这位男爵的故事。又如科普 up 主小播读书，他用通俗的例子解释深奥的哲学书籍，将专业性知识融入视频，给观众带来别开生面的阅读体验。对这些书，平日里我从不愿尝试，觉得枯燥无味，看得茫然无措；也认为专业的书自有专业的人看，我并没有必要阅读。小播读书之《系统之美》系列，以通俗简单但直击心灵的问句"为什么你需要人生目标""如何让你更加自律""年度目标你都实现了吗"，促使我一探究竟。通过罗马尼亚"卸磨杀驴"式生育政策和瑞典理解扶助式生育政策的例子，告诉我们如何解决目标不一致的阻力——最好的办法就是把各个子系统的目标协调一致，找到一个更大的总体目标。从起床时我们"再睡5分钟"讲起，指出目标侵蚀这一现象随处可见，这正是受心理系统的影响。当行为和预期产生冲突时，我们的感知会影响我们的预期，会调整我们的预期使其符合我们的行为。这是一种本能，在心理学里称为"认知协调"。这样一番解释之后，我对简简单单的"系统"二字有了新的认识，并从崭新的角度面对自己的焦虑迷茫，更加坚持目标，与自我心理的散漫赛跑，保持一个向上的姿态。小播读书的视频对系统进行多角度剖析、拓展、讲述，让我在听书的过程中，有所积累、有所收获。

摄影也出人意料地成为一种传播阅读的方式。朱利伟在冗长的地铁里看书消磨时光，她逐渐注意到很多人也在地铁里看书，她便通过摄影捕捉人们的阅读姿态，制成合集，在互联网上记录收藏。这个合集得到了众多网友的喜爱，并激励了更多人读书，这也在一定程度上传播了阅读。

同名电影《追风筝的人》将小说故事场景还原：穿条纹睡衣的男孩、清冷的色调、天真的孩童视角、结尾的处理手法，反映战争带来的悲剧，让我看完产生强烈的悲痛情绪。翻开原著细细品味，与视觉的直观不同，文字更有细腻的表现，文字紧挨着文字是一种全新的冲击感。音乐也是如此，电影《了不起的盖茨比》的插曲带着悠扬舒缓的节奏，唱着"阅遍繁华，纸醉金迷"，慢慢撕破盖茨比编织的美梦。它唱着盖茨比悲惨的经历、爱情的破碎，时代造就了必然的悲剧，更多的人可能像盖茨比一样，经历过辉煌，然后戛然而止，他们同样是了不起的。音乐也以合情的基调吸引我去了解盖茨比，看见更多的人物、故事，看见当时的美国社会，感受他们的力量。

在快节奏的生活中，人们多样的需求使阅读传播方式也多元化。在无形中，读者形成了"跟踪阅读"的习惯，将阅读与娱乐结合起来，将阅读与生活节奏联系起来，边散步边听有声书，边坐车边听读书电台，闲暇之余打开博主的阅读分享，看完电影之后意犹未尽翻开书本……

阅读激励自己交流

阅读是多样的、亲切的，是随时随地的，是个人的，也是共同的。无论哪种方式的阅读，都有人偏爱，而阅读本身属于所有人，值得所有人品鉴。

所有的阅读，都要回归内心，要经过思考，付出感情。很多人爱阅读、爱藏书，书给他们带来极大的精神体验，发自内心的热爱与欣赏是手不释卷的关键。很多人爱思考、爱分享，享受因书觅知音、论书得新意，这构筑于众人对书的认可、对其他爱书人的欣赏。如读书会的形式，众人因书聚在一起，以书结友，以友结书。北大博士杨早将读书会的形式贯彻到底，由三人读书会不断扩大，由主题阅读、谱系阅读到走读计划，从聊天到朗读，内容的丰富、形式的增加，都在与众人不断创造新的读书体验。比如读《骆驼祥子》，他们一行人就循着祥子走过的真实的地方，边走边读。还有读史计划，专门收集相关朝代一起讨论。

我高中加入过学校文笔读书会，初衷是去看看书，逼自己写写文章。但在读书会学到的并不止读书写作，读书会的成员们怀着各自的期待齐聚一堂，有的单纯热爱阅读，有的受我们编写的《书生心路》鼓励而加入进来，有的热爱交流，想在这儿找到更多志同道合的书友……每周一次的聚集，我们讨论刚考过的作文，我们聊不靠谱的梦想，我们分组选择主题，一起编撰校刊《汗牛栋活页》，校外还组织过阅读推广活动。在新华书店，我们读书会的成员和老师一起，精心准备讲稿，向大家推荐阅读，讨论怎样阅读；分享《遗愿清单》观后感，谈谈小人物许三观；分享个人阅读体验，讲讲《文化苦旅》；展示社会调查结果，说说与《病隙随笔》相关的故事。我也向众人讲述了《一个人的朝圣》，向大家介绍哈罗德，那个用 87 天走完 627 英里看望老朋友的老头儿，告诉他们这本书带给我的幸福与感动。推广活动也让我向自己挑战，反复修改、确定讲稿、制作 PPT，尝试将人物通过一张图联系起来，勇敢地走到台前向人们诚心分享推荐。我不仅在讲哈罗德的故事，我也在创造专属我的读写故事。

不论传统阅读，还是新型阅读，抑或新媒体阅读推广，人们不是放下阅读，而是通过各种方式拾起阅读、推广阅读、传播阅读，这无疑是时代

飞速发展下人们沉淀的表现。选择阅读、选择沉淀，让越来越多的人看
书、爱书，拒绝互联网快节奏浪潮的席卷，我想这也是书籍不可替代的
意义。

书女可以不是淑女

许琬祺

毕淑敏曾说"淑女必书女",我有些不认同。诚然,书读多了,在气质、谈吐上,会有所改变,从外在上"淑"起来。可是今天我想反过来说,书女可以不是淑女。

读书讨论需要"辣妹子"

"关关雎鸠,在河之洲,窈窕淑女,君子好逑。"两千多年前,《诗经》开篇便是对淑女的赞美,可见在中国传统文化中,淑女是女性美的重要标志。也正因如此,泼辣成了女性形象的反面。但生活中有时我们又需要"辣妹子",她们豪放、泼辣,自主能力强。我们读书成为书女,是希望自己变成淑女,还是辣妹子?

在读书会上，我们对"人是应该唯物多一点，还是唯心多一点"这一话题展开了讨论。曹同学认为这应是多元的，他举了古希腊哲学家柏拉图正义与非正义的例子，并且另从心理学角度分析；而戴同学却坚持唯物，指出柏拉图的学生亚里士多德认为，世界乃是由各种本身的形式与质料和谐一致的事物所组成的。在讨论过程中，几位男生在不停地阐述观点，而我们女生一直都在记录。从这点上就可以鲜明地看出男生更泼辣。

先生不无讽刺地说："你们太淑女了。如果你们做律师，在法庭辩论胜出的几率有多少？如果电视台招记者，你们可能被淘汰。阅读与写作的本质是用语言表达世界，展现自己对世界的看法，并提出新的观点。你们来这里的目的就是要敢说，我们更欢迎'辣妹子'。"

我赞成这个说法。观点不辩不明，辩论能激发阅读热情。读书会需要每位同学都泼辣起来，可以侃侃而谈、抒发感情，也可以朗读一个片段，与同学们一起欣赏。阅读就是深入书本世界，与书中的人物"缠绕"在一起，不限于欣赏文本，更要敢于讲述观点。俗话说得好，"1000个读者就有1000个哈姆雷特"，所以对或错是不要紧的，不懂的地方提出来，把自己的观点当作正文，把别人的发言当作注解，方可体会泼辣带来的灵感。

但是，长期的淑女观让我们女生有些腼腆，乐于扮演贤淑形象，避开撒泼女人的嫌疑。于是，用传统的"读书人"形象来框住自己，让自己进入淑女轨道，安全地"成长"。

读书女独立自主

真正的读书女，应该是辣女，独立自强。读书人外在平静，而心中的波涛却不亚于其他人，也可说是外柔内刚。求学正需要这种敢于怀疑的精神。

在女性历史人物中，我喜欢李清照。她追求富足的精神生活，远胜于生命。她可以吃粗食、穿粗衣，却必须活得有风骨、有气节。她亦不惧圣贤典范，敢于批评不足，指出欧阳修、苏轼等"学际天人"的词作"皆句读不葺之诗"。在现代女性中，我喜欢张爱玲。她的作品尽管没有直面时代，却让我们看到了华美之城背后的悲哀，比乱世更苍凉、更直击人性。她一生坚持游离于政治之外，绝不写自己不想写的人或物。

古代社会男女不平等，读书识字成了贵族男性的专利，女性即使读书也只接触一点蒙学，科举考试只向男性开放。晚清开始出现女权运动，一批批独立自主的女性形象纷纷出现。如，秋瑾写下"身不得，男儿列，心却比，男儿烈"的诗句，她留学日本，接受科学、民主思想，回来以身许国，追求真理。

我喜欢法国作家西蒙·波娃，她有着自由的沉思和对真理的信仰。她说："女人的不幸在于被几乎不可抗拒的诱惑包围着，她不被要求奋发向上，只被鼓励滑下去到达极乐。"她敢于反抗现实，希望女性能为自己独立而活。

我们当代社会男女平等，女大学生都是书女，但真正让我佩服的是有独立思想的才女。现代社会是创造型社会，只有坚持自己的独立见解，才能立足于社会，才是真正的平等。

回到刚才的读书会上，读书需要泼辣性格。其实我们也没有那么娇嫩，讲到《红楼梦》时，我们女同学就不亚于男同学。本人偏爱林黛玉，正如有人评论说其"孤高自许""身为小姐，偏多忘了闺门的守戒"，敢爱敢恨，"你是那样的任情任性，然而又是那样的率性率真"。她敢与宝玉共读《西厢记》，敢于让宝玉不走仕途。她也亮出自己的独特诗情，教香菱写诗时有独到的观点。所以我更喜欢黛玉，她才是真正的读书人，知行合一，用行动表达自己的个性。

和其他女性形象一样，我们书女不做玩偶，融身社会，参与创造。这是我对我们新一代书女的期望。

淑女与辣女一体

我们曾试图把黛玉、宝钗合起来，既有黛玉的诗才，又有宝钗的贤淑。内在才华横溢，外在平静超拔。淑女与辣女一体，"外淑内辣"，或许这是我们应该有的现代修养。

泼辣不等于与他人吵架、闹矛盾，而是要与人接触，深入社会，读社会这本大书。新河中学把读书的学生叫作书生，不是叫人躲进书斋，纸上谈兵。"书生意气，挥斥方遒。指点江山，激扬文字"，不仅要注重书本知识，更要注重实际，理性、辩证地看待问题，将来步入社会，走出自己精彩的人生道路。为此，我们经常参与阅读推广，参加志愿者活动，增强社会实践能力。新中书生，意气风发；新中书女，拥抱世界。

我有一个朋友，经常在朋友圈里阐述自己的观点。曾就男生女性化这一现象分析一二，她说："在这个时代，阳刚之气不只是男生的专属，女生也可以拥有，它不应该用性别来定义。"是啊，男子气概是有责任、有担当，那么"泼辣"同样是一种品质。其实当女孩成为辣女子、成为女强人，她的心胸便会变得宽广。在处理事情上，告别"逆水行舟，不进则退"的急功近利，在普通的小事上处处谦让，养成淑女风范。

作家周国平说："每个人都是一个宇宙，每个人的天性中都蕴藏着大自然赋予的创造力。"辣女、淑女本就是人的一体两面。你可以选择找一个安静的角落，守着一方小天地阅读；也可以流利、清晰地，充满激情地表达观点。重要的是，你要找到平衡它们的方式。

"终日乾乾，与时偕行。"希望我们明白，书女可以不是淑女。淑女、辣女，都是精彩女性，都需要践行丰富人生。

化妆化不出气质美

曹起

如今，化妆在我们生活中是十分普遍的现象：女人化妆，中小学生跟风化妆甚至有些男人也走上了精致的路子，"也学牡丹开"。为了面容姣好化妆，无可非议，爱美之心人皆有之。但真正经得起时间检验的美终在气质。

化妆是一种积极生活的态度。尽管生活忙碌，有时难免烦恼，却依旧愿意每天积极面对生活，打理自身的容貌。通过化妆追求容貌美，得到肯定，没什么不妥当。而我们要追求的是更高层次的生活。人生论美学认为，美的人生是由三种艺术化（性）追求造就：一是生活形式美，二是人际关系美，三是最高层次的人格与心灵美。第一种是生活艺术化，第三种是人生艺术化。而化妆便是一种对生活形式的艺术化追求，是外在美，是一种大众美与自己的外貌相契所产生的美感。如果内心空空如也，只怕是空有一副好皮囊罢了。

我们应该不光有外在的容貌美，更要有内在美，即气质美。

何为气质美？气质美在我看来，是一种长期坚持下来的在某一方面的神韵美，比如一名军人穿着便服在街上走，你依旧能感受到那种飒爽的英姿。再比如那些大艺术家所透出的那股艺术气与书香气，这些便是气质美，是他们长期坚持一种追求后所产生的，是化妆化不出来的美。同时，气质美是人与心灵相契后产生的，是人格美与心灵美的外显。这种美让我们面对生活时可淡然自若，使内心执着、沉浸于工作与角色之中。因此，演员要想演好一个角色，不光靠化妆，更要深入生活。这样才能具有角色的气质，更具有真实性。

气质的重要性不止这一点，气质是后天自身努力的结果。像世界小姐选美大赛，比赛过程极为复杂，而其中一个标准是看你是否具有良好的气质，而不仅是五官端正、身材苗条。

人生论美学家金雅教授说："一个真正具有艺术化人格与生命境界的人，不仅自己的心灵达到了这种美境，他也一定会将这种艺术化的风范与风采，呈现于生命的方方面面、点点滴滴，使他自己的整个生命丰满、鲜明而生动，使周围的人为之所感发、所濡染。人格与心灵的艺术化（性）追求，确立了人与艺术关系的价值性纬度，由此也为人的生命从生存的合理性与效用性尺度衍向人生的超越性与诗意性空间拓展了可能。"因此我们可以说，气质是高价值的，具有超越性、诗意性的特点，是自身长期追求的结晶。如前所述，气质的超越性在生活中的体现往往是不太计较功利，在有些事上会体现出一股"呆傻"气。这种"呆傻"气恰恰是那些有气质的人超越普通庸人的所在，是超越了大部分人功利观的存在。

那么，作为青年一代，我们该如何获得这种气质？获得气质的途径多种多样，其中一条捷径便是阅读。阅读是一种人格与心灵的艺术化（性）

追求，教育家朱熹曾说："为学乃能变化气质耳。"大文豪苏东坡说："腹有诗书气自华。"与王国维一同探讨人间诗词的精妙，与贾宝玉一道见证封建家庭的衰败，与但丁一起领略天堂世界的美妙……与这些古今中外的名人和他们创造的角色进行心灵与人格的交流，无疑能够让我们"气自华"。如《红楼梦》中，林黛玉与薛宝钗都被冠以才女之名，这种才女气质皆因两人读书多而形成，与王熙凤所展现出来的精明和庸人气质格格不入，具有超脱世俗之美；在《简·爱》中，罗切斯特与简·爱的爱情可能不仅仅是两人间的心灵相应，更多的是罗切斯特对简·爱阅书无数所产生的气质的倾心；在现实生活中，林徽因被称为"民国才女"和"民国女神"，不光是其容貌美令人倾倒，更因其饱读诗书所产生的才气令人"倾倒在她的石榴裙"下。容貌会随着时光的流逝而渐渐失去其美丽，气质则会随着阅读时间的变长而更有神韵、更富内涵。阅读产生的内在气质美会历久弥新，在人生的道路上将永远熠熠生辉。

最后，我们不应该反对化妆，其虽然只是一种外在美，但就像金雅教授所说的，"人格层面与境界层面却可以涵容形式层面与技巧层面（化妆打扮），它们之间并不存在绝对对立和水火不容的情状"，我们不应该将其对立化，而应该兼容并包，追求高雅的内在气质美。

学点繁体字，生活更风雅

林于入

　　汉字是世界上最古老的文字之一。古埃及的圣书字、两河流域苏美尔人的楔形文字已经失传，而汉字还在使用，生生不息。

　　汉字是象形文字。在汉字曲折漫长的发展历程中，字体不断涌现。数千年来，人们相继创造了甲骨文、金文、篆书、隶书、楷书、草书、行书等多种主要字体，形成了书法艺术、篆刻艺术、解字游戏艺术，也辅佐了国画艺术。丰富多彩的汉字使人们获得很大的美学享受，带给我们缤纷的精神空间。

　　现在，我们通常用的是简体字。但我认为，要深入认识汉字，就应该学习繁体字。

　　繁体字是小篆演变为隶书后产生的中文书写体系，已有两千多年的历史。直到新中国成立，为了普及文化，我们才开始使用简化字。在书法字体中，有不少还习惯于繁体字。简体字虽然书写简便、实用性强，但也缺少多种笔画碰撞产生的美感。传统的绘画书法中蕴含精彩的线条艺术，象形字用笔画表示，从物体复杂的形状到象形字上简单生动的线条，不仅化物为字，还在线条碰撞组合的瞬间绽放出别样的美感。小小的方块字不仅有美丑，而且折射出人性人情。比如我们提笔为老人祝寿，写的是"壽"，而不是"寿"。"壽"，显得饱满、有内涵，笔画交织的地方更有魅力，毛笔书写更是变化有致。还有一种说法，"壽"字加了一个"口"，表示祝寿要用口头语言当面表达。由此看来，简体字在演化过程中因为实用化，追求简洁，失去了部分原本的含义。而繁体字则因为年代久远，尤其在我们这个普遍用简体字的环境中，更有古雅感。

因为是象形文字，繁体字更能保留自然原始的"形"。"药"字的繁体字"藥"，从象形角度可以看出药本身就是一种植物，故为"草"字头。草字头下的果实丰盈，果实下有枝干，整个字的意思也就形象明了，呈现了"有枝结果为药"的文化意义。又好比"爱"，"愛"中有心，"爱"中无心，爱是要用心来表达和感受，相比之下"愛"更能直观表达由心生爱。繁体字的字形与字义紧密相连，从剖析意思出发，能更好地理解字的本意和由来，从中我们或许能发现繁体字真正的魅力。

由上可知，我们学习繁体字能更全面地认识汉字，也能防止我们写错别字。中国文化博大精深，文言文大都用繁体字写成。我们中学生多掌握繁体字，不仅在阅读古诗古籍时能繁简转换，还能增加知识面，对汉字有更多的了解。也可以培养欣赏古代书画作品的爱好，古代书画作品中的文字都是繁体形式，有的是篆字，读懂这些更容易品出其中的韵味。

学习繁体字还有其他好处。在旅游时，很多景点有繁体字，认识繁体字让我们能更好地感受名胜文化。尤其去香港、澳门和台湾地区旅游时，我们可以认识更多的字，接收当地的环境信息，融入当地的生活。去日本旅游时可以发现日文中存在日文汉字，大部分也是繁体字，还有一部分则是近似繁体字的日制汉字。我们可以从各式各样日文招牌上的繁体字中大致推测其意思，方便我们旅行。

总之，学习繁体字多多少少能提升我们的文化生活层次。我们生活中难免有些装潢门面的东西，有时也许会附庸风雅。我想，风雅是需要附庸的，附庸着附庸着，也会慢慢变得风雅起来。

师生共创理念

江富军

"阅读，永远的好奇，永恒的探索。"这是我们共同的理念，也是师生共同参与讨论的结果。

为什么阅读？阅读的理念是什么？说法多多。阅读理念，共性中有个性，不同的人有不同的见解，需要不同的理念。各人之间，各班之间，既要有共同理念，又不强求统一。个性化反而有利于形成群体阅读氛围。在各个理念之间，寻求共同空间，支撑群体阅读。群体、圈子会成倍地加强个体的阅读动力。各人坚持自己的个性，在共同的理念中形成自己的切入点，也在坚持自己的理念中加深对阅读的理解，在比较中形成自己的模式。比如，有不同的好奇对象、好奇层级，不同的探索方向。有人注重阅读的自我修养功能，有人注重阅读的社会功能，有人看重阅读的功利作用，有人看重阅读的休闲熏陶作用，不一而足。

为此，我们组织了一次讨论调查。我们要学生做两件事情：一是教师布置十几条阅读理念让学生选择，二是让学生自己提供理念。并在全校展开调查，由图书馆、语文组、团委合作负责。我们推荐了以下阅读理念。

阅读，永远的好奇，永恒的探索。

阅读，给我翅膀。

阅读，照亮梦想。

阅读，让自己丰富起来。

阅读，让自己美起来。

阅读，让自己优秀起来。

阅读，让自己充满魅力。

阅读，使人强大。

热爱读书，学会生存。

热爱读书，让生命成熟。

阅读，使人健康。

阅读，使人独立。

阅读的世界是和谐的世界。

学生经过反复讨论，进行投票。最终"阅读，永远的好奇，永恒的探索"得票最高，成为我们共同的阅读理念。这个结果也与教师的预测基本一致。学生参与投票的理念，也会让其获得亲切感，更容易从内心接受，有利于阅读指导。

学生也表达了他们自己的理念。

阅读，酝酿人生。

阅读，使世界旖旎多彩。

阅读，让世界走近。

阅读，改变世界。

阅读，给我们另一个世界。

阅读，改变命运。

阅读，使人淡然。

阅读，超越自身。

阅读，给我阳光。

阅读，带我远航。

阅读，使我充实。

阅读，照亮未来。

阅读，净化思想，升华灵魂。

阅读，心灵的旅行。

阅读，养浩然之气。

阅读，让生活充满色彩。

阅读，擦净自己身上的灰尘。

阅读，让我审视自己。

阅读，完善自己的人格。

阅读，让梦想启航。

阅读，让我丰满，使我自信。

阅读，品百味人生。

阅读，畅游天下，穿越古今。

阅读，创造力量。

阅读，孕育智慧。

阅读，点燃星星之火。

阅读，是你一生的资本积累。

阅读！进步！强大！

阅读即成长。

阅读点亮生活。

阅（越）读阅（越）快乐。

阅读，使有限的生命体验更丰富的人生。

一个人只有一个人生，但阅读可以让你体验不同的人生。

阅读，使人有厚积薄发的底气，积极向上的正气。

阅读，宏知天下，微明内心。

用书塑身，受用一生；以书会友，天长地久。

阅读，让我飞得更高。

阅读，使我心如华砚，志比锦鸡。（注：新中校园里有华砚湖、锦鸡山）

阅读，不带名利金钱。

阅读是一条朝圣路。

阅读，一把衡量生命的尺子。

我阅读，我快乐。

阅读，让心灵陶醉。

心有猛虎，细品美文。

阅读，升华灵魂，点亮人生灯塔。

阅读，追赶伟人的捷径。

阅读，使生活不孤独。

阅读，你会有一面明亮的镜子。

阅读，心灵的鸡汤。

阅读的世界是真善美的集合。

阅读的世界是阡陌交通、鸡犬相闻的桃源圣地。

阅读，让寒冬洒满阳光。

书香是最芬芳的香水。

阅读，为梦想插上翅膀。

阅读，无形的望远镜、显微镜。

阅读，盛开生命之花。

阅读，让人生走得更远。

阅读，让无聊者不再无聊，让幸福者更幸福。

阅读，梦想就在旁边。

没有阅读的生命，正如没有灵魂的躯壳。

腹有诗书气自华。

阅读，能让人侃侃而谈。

阅读就是为了让生活更有乐趣。

阅读照亮希望，希望照亮现实。

每个理念都有一种阐释。对学生来说，确立的过程也是阐释的过程，是对自己阅读生活的回顾与思考，从而达到理性的升华。确立阅读理念，是成长的一个标志，有利于学生形成一套解释世界的体系。

可以自愿统一，但不强求，不要怕学生出错。就算是错误的理念，也可以错一阶段，大量的阅读会纠正错误。比如"书中自有黄金屋"这个理念，说错就错，说对也对。读书为挣大钱、娶美女，不正确。但暂时支撑一下，经过进一步阅读，会被导向为追求精神美，最后认识到读书是为了自己全面成长。就算成年人，假定我们已经拥有正确的阅读理念，也会暂时被别的理念（甚至是错误的理念）动摇、替代一番。

不要把最正确的一下子呈现在学生面前，这是教育惰性，不符合试错的成长规律。成长在探索中进行，探索必试错。我们解析一道习题，不也是试错几次、十几次才得到正确的一次？一次就正确的作业太浅了，没有价值。让学生自己寻找而得到的东西，才是最珍贵的。正如孩子珍惜自己得到的"工资"，不在乎钱多少，而在乎这钱是自己挣来的。拿这钱买礼品给父母、奶奶、外婆，他们不在乎物质上贵重与否，而在乎这是孩子的劳动成果。当学生用学习（也算是一种劳动）、用自己的理解来构筑自己的精神空间时，请教师、家长不要干预，不要拿自己"绝对正确"的东西去套。当他们经过不断试错，终于取得成果时，才会有成功感，这样更有利于成长。容易得到的东西，少有成功感。师长强加的理念，会让他们逆反。

同样，我们鼓励学生给自己的书房起名字，解释各自的 QQ 名、微信名，给自己起外号，家长请欣赏，勿指责。这是他们的精神苗头，是成长的萌点，是阅读的延伸。

书生撰写与推荐阅读理念（2022读书节活动之一）

编者按A：阅读，是终身的事情，而阅读习惯得从小养成。除了课内阅读，还要有与之同步的课外阅读。现在的我们常常喊着忙、没时间、读书太枯燥，这显然是不正确的。书在适合自身条件下读最有味道。不同的时间、不同的人生阶段，读同一本书会有不同的感受，可能现在喜欢的以后不喜欢了。儿时习惯神话阅读，现在习惯青春阅读，成年更倾向哲理阅读。

无论怎样，都要养成热爱阅读的习惯。无论怎样，我们都要问问自己：我喜欢阅读吗？为什么？我们要给自己一个课外阅读的理由，即找到一两句话，成为自己的阅读理念，置于案头，从而引导自己阅读与成长。

在学校，我们如何让自己与阅读联系在一起呢？在图书馆里贴出自己喜欢的阅读理念，就好比把书房布置成自己喜欢的样子。在这种阅读环境下，我们就会更喜欢阅读。为此，文笔读书会与团委一起组织了一次"图书馆阅读理念征集"活动。由读书会成员以及高二各语文课代表撰写或推荐阅读理念，由同学中的"书生书法家"书写，装裱于图书馆。这个活动几年前曾组织过，现在留下"阅读立心""阅读——永远的好奇，永恒的探索""因你，我走向远方"等理念。

请大家评一评以下同学们撰写或推荐的理念，赞成或反对都行。也可以讲讲自己的阅读理念，提供给我们。活动将继续进行，学校将开设书画展厅，展示同学们的作品，请大家积极参与。

由于时间仓促，难免有错误，请谅解。

编者按 B：书法是线条艺术，是一种展现文字美的艺术表现形式。我们生在华夏，长在汉语世界，我们的环境中充满了书法。书法欣赏是最美的阅读。让生活中多一些我们同学的书法作品，多一些我们同学创设的阅读理念，则更让我们感受到语言文字熏陶带来的快乐与智慧。书法是中国的传统技艺，我们身为新时代青年应当继承并将之发扬光大。这次读书会的"阅读理念征集与书写"活动，就是通过书法的形式，传达同学们对阅读的理解，激发大家的艺术兴趣，丰富校园生活，开阔视野。现在我们将这些作品展现给同学们，供大家欣赏。也请有兴趣的同学继续积极参与我们的活动，我们将集中展出同学们的作品。由于时间匆忙，同学们的水平也有限，成果自然比不得书法家、作家。但我们需要的正是这份热爱，这份情怀，这份艺术追求与阅读姿态。

撰写的阅读理念——

1. 阅读之于我，若水之于鱼；书之于我，若影之于人。 高二 2 陈雨平 撰

2. 存在一种正确的读书方式，就是让自己配得上这本书。 高二 5 陈

锦亿 撰

3. 书者见，书者鉴，书者陶。 高二 16 朱越 撰

4. 读过的书犹如埋在地下的宝藏，不能装饰外表，却能填满内心。
高二 5 王浚行 撰

5. 阅读，就是经历深冬，走向初春。 高二 9 林姿璇 撰

6. 生活体验为世界打开一道缺口，广泛阅读则敞开更多的门扉。 高
二 9 叶威江 撰

7. 若用一个词来形容阅读，我愿称之为无价的投资。 高二 15 林静
怡 撰

8. 阅读，使生活立体，与精神对视。 高二 7 江松凌 撰

9. 我从未想过会如此感激真正拿起书阅读的那个我。 高二 12 瞿
磊 撰

10. 阅读，是无形的竞争力。 高二 13 郭芯毓 撰

11. 阅读，少设限。 高二 11 陈佳妮 撰

12. 指尖轻捻，思维万千，百阅无厌。 高二 10 林旦妮 撰

13. 在生活中受伤，阅读是非常有效的慰藉方法。 高二 18 陈昱儒 撰

14. 好事多磨，好书多读。 高二 1 蔡屹 撰

15. 阅读，打开封闭心灵的天窗。 高二 14 金宸希 撰

16. 将自我融入书中，将知识融进现实。 高二 8 曹景灏 撰

17. 阅读，跨越时间与存在的桥梁。 高二 18 金泽枫 撰

18. 阅读，是将自己的思维与书中的文字融为一体，去感同身受。
高二 17 林倪羽 撰

19. 指尖翻动的书本，是我此生不变的信仰。 高二 5 陈锦亿 撰

20. 浮躁在阅读的世界中一无所踪。 高二 1 蔡屹 撰

21. 阅读是为了呼应未来的自己。 高二 18 陈昱儒 撰

22. 心灵的凌乱，要用阅读来整顿。 高二 7 江松凌 撰

23. 阅读要敢于否定。 高二 18 金泽枫 撰

24. 阅读能让人侃侃而谈。 高二 13 陈梦瑶 撰

25. 阅读，拓宽人生的道路。 高二 7 潘高坚 撰

26. 书籍，通向真理之路；阅读，通向巨人肩膀的桥梁。 高二 14 金宸希 撰

27. 阅读，使人跨越时间长轴，与伟人心灵相通。 高二 14 金宸希 撰

28. 要使人深沉，莫过于阅读。 高二 7 江松凌 撰

29. 阅读，联结我冰封内心与悠长光阴的门户。 高二 18 金泽枫 撰

30. 书以无蔽的方式向我们开显。 高二 18 金泽枫 撰

31. 把爱留在图书馆。 高二 13 陈梦瑶 撰

32. 阅读，确定你在不确定的人生中的方向。 高二 8 曹景灏 撰

33. 书读一百遍，知识就是你的。 高二 8 曹景灏 撰

推荐的阅读理念——

1. 世上的读书人大致有书主与书奴两类。——陈染 高二 8 林涛涛 荐

2. 读书是为了遇见更好的自己，成为一个有温度、懂情趣、会思考的人。——杨绛 高二 12 毛雨涵 高二 9 张文雅 高二 11 陶禹秀 高二 6 蒋婉婷 高二 2 蒋可祎 高二 8 曹景灏 高二 7 潘高坚 荐

3. 书味深者，面目粹润。——曾国藩 高二 16 朱越 高二 9 林姿璇 高二 18 梁薰尹 高二 11 陈佳妮 高二 6 蒋婉婷 高二 10 林旦妮 高二 1 蔡屹 高二 8 林涛涛 荐

4. 阅读的最大理由是想摆脱平庸。——余秋雨 高二 18 叶萍萱 高

二 4 李欣宇　高二 9 林姿璇　高二 18 叶萍萱　高二 11 陈佳妮　高二 9 张文雅　高二 1 蔡屹　高二 2 蒋可祎　高二 8 林涛涛　荐

5. 好书即金玉良言与思想光华之总成，令人感铭于心，爱不忍释，成为我们相随之伴侣与慰藉。——塞缪尔　高二 15 林静怡　高二 18 梁薰尹　高二 16 朱越　高二 3 叶茹佳　高二 11 陶禹秀　荐

6. 读有字书，悟无字理。——徐雁　高二 9 林姿璇　高二 7 潘高坚　荐

7. 找好书看，就是找一个制高点。——木心　高二 11 陈佳妮　荐

8. 书籍是精神上最好的避难所。——罗曼·罗兰　高二 11 陶禹莠　荐

9. 花香何及书香远，美味怎比诗味长。——徐雁　高二 2 蒋可祎　高二 9 林姿璇　荐

10. 读书是要清算过去人类成就的总账。——朱光潜　高二 3 叶茹佳　高二 11 陈佳妮　荐

11. 书籍是横渡时间大海的航船。——培根　高二 14 金宸希　荐

12. 阅读是为了流逝的光阴让我心安。——博尔赫斯　高二 18 金泽枫　荐

13. 无限相信书籍的力量。——苏霍姆林斯基　高二 12 毛雨涵　荐

14. 最庸俗的人是不读书的人，最吝啬的人是不买书的人，最可怜的人是与书无缘的人。——高希均　高二 3 叶茹佳　荐

15. 一本书必须是一把能劈开我们心中冰封的大海的斧子。——卡夫卡　高二 9 林姿璇　高二 13 郭芯毓　荐

16. 淑女必书女。——毕淑敏　高二 16 朱越　荐

17. 书籍，是一座随身携带的避难所。——毛姆　高二 9 林姿璇　荐

18. 书香，是弥漫于这个可爱复可恼的地球上唯一令我们迷醉的气息。——公刘　高二 9 林姿璇　张文雅　荐

19. 与高尚思想相伴者永不孤独。——菲利浦·西德尼　高二 9 林姿璇　高二 11 陶禹秀　荐

20. 读书单靠眼到口到心到，还不够的，必须还得自己边动手才有所得。——胡适　高二 18 叶萍萱　荐

21. 书籍是改造灵魂的工具，阅读是改造灵魂的养料。——雨果　高二 18 叶萍萱　高二 9 张文雅　高二 6 蒋婉婷　高二 12 毛雨涵　荐

22. 读一些好书是和许多高尚的人谈话。——歌德　高二 15 林静怡　荐

23. 文学非同科学，有时是可以无师自通的，只要个人努力。读书也没有准则，只有摸索着前进。——孙犁　高二 18 梁薰尹　高二 17 林倪羽　高二　王浚行　高二 3 叶茹佳　荐

24. 我不刻意去读书，在这件事上其实也不可经营。书本，我也不过是在游玩。——三毛　高二 18 梁薰尹　荐

25. 阅读之于我，最初是逃避，然后是习惯，再然后是享受。直到现在，我才意识到它是多么必要。——菲比·沃勒－布里奇　高二 11 陈佳妮　荐

26. 阅读是为了活着。——福楼拜　高二 11 陈佳妮　高二 8 林涛涛　荐

27. 读书多了，容颜自然改变。——三毛　高二 11 陈佳妮　荐

28. 读书可以美容。——曹文轩　高二 11 陈佳妮　荐

29. 读书最忌太功利化，需要什么就去读什么书。——时寒冰　高二 9 张文雅　荐

30. 好书是在岁月冲刷下沉淀的沙金，很重，不耀眼，却有保存的价值。它是地球上曾经生活过的那些智慧的大脑，在永远逝去之前自立下的思维照片，是精华的念头，被文字浓缩了，好像一锅灼热久远的煲汤，濡养着

后人的精神。——毕淑敏　高二 11 陶禹秀　高二 5 陈锦亿　荐

31. 读书的档次决定了写作的档次。——周国平　高二 6 蒋婉婷　荐

32. 文学的欣赏水平是逐步提高的，只要内容健康，管它是通俗文学还是纯文学，够水平还是不够水平。——邓友梅　高二 6 蒋婉婷　荐

33. 腹有诗书气自华。——苏东坡　高二 10 林旦妮　荐

34. 人生是书，书是注释。——爱默生　高二 13 郭芯毓　高二 12 毛雨涵　荐

35. 善读书者，则觉一切声色货好之处，无不可于书中得之也。——张恨水　高二 18 陈昱儒　荐

36. 要能批判地读书，有自己存在，不为书所囿，要有所为而读书。——金克木　高二 18 陈昱儒　荐

37. 人类最优美的姿态就是读书，人因阅读而高贵。——曹文轩　高二 12 毛雨涵　高二 3 叶茹佳　荐

38. 精读的书给我们建立了做学问的基础。——余英时　高二 12 毛雨涵　荐

39. 好书出头，坏书出局。——余光中　高二 16 林誉洁　高二 2 陈雨平　荐

40. 借书如借命。——臧克家　高二 16 林誉洁　荐

41. 博学之，审问之，慎思之，明辨之，笃行之。——子思　高二 2 陈雨平　荐

42. 唯知出知入，乃尽读书之法也。——陈善　高二 2 陈雨平　荐

43. 当心灵被劳动与创作所充裕时，我们所读的任何一页书都会清晰易懂，含蕴丰富，每个句子都意义倍增，作者的理念也天高地阔起来。——爱默生　高二 17 林倪羽　荐

44. 把死书读活，就能把书为我所用；把活书读死，就是我为书所用。——冯友兰　高二17林倪羽　荐

45. 与其读十部无关轻重的书，不如以读十部书的时间和精力去读一部真正值得的书；与其十部书都浏览一遍，不如取一部书精读十遍。——朱光潜。高二17林倪羽　荐

46. 讲扶乩的书，讲婊子的书，倘有机会遇见，不要皱起眉头，显示憎厌之状，也可以翻一翻知道和自己意见相反的书，已经过时的书，也用一样的办法。——鲁迅　高二8曹景灏　荐

47. 读书先要会疑。于不疑处有疑，方是进矣。在可疑而不疑者，不曾学。学则须疑。——张载　高二8曹景灏　荐

48. 一个人的精神发育史就是他的阅读史。——朱永新　高二5陈锦亿　荐

读书志趣雅集（加入读书会理由选录与点评）

张雅澄　章薇薇　编辑点评

编者按：读书，有时想一个人悄悄地读，有时想跟知心朋友分享。或居于斗室，孤灯一盏，茗茶一杯，遨游在私密的心灵世界；或走出书房，邀约三五好友相聚，集结一群同好讨论，敞开心胸，畅谈各自捕捉的神韵。社团应该是志趣相投者相聚的组织。读书会的意义就在于拓宽视野、发散思维、交流知识、提升文化生活层次。

成长与阅读是不离不弃的伴侣，我们中学生就是在成长过程中好奇、探索，面对世界既充满陌生感又热情澎湃。阅读能够让我们间接体验世界，看到世界的种种形态、了解历史、了解各地，为我们规划人生、选择生活、步入社会做准备。再者，读书会能够帮助我们解答青春困惑。共读就是同学们在读书会这个交流平台中思维碰撞、彼此沟通、互相启发、共同成长，它不可能有标准答案。但每个人都可以根据自己的需要，从阅读与交流中得到自己想要的答案。

下面是部分同学阐述的加入读书会的理由，人各有异，让我们来看看各人各种不同的态度。

理由一：招新时被会长所说的"高质量聊天"所吸引，并想要了解更多的观点，将其用于实践。

我最开始注意到这个社团，是因为在招新时看到报名的人都能够拿到精美的书签。当时还有些犹豫，感觉读书会可能只是单纯地看书，十分无趣。直到听会长介绍说读书会就是一群人高质量地聊天，我才确定要加入。我希望在高中忙碌的生活之余，可以和别人一起探讨某些观点，了解更多的道理与价值观，认识更多有趣的人并且积累更多的写作素材。而读书会恰好集我所需于一身，因此我便加入了读书会。——高一4张雅澄

【编者按：读书会不仅有精美的书签，还有经典话题、时下热点。读书会正如你所说，不是单纯地看书，更像是一场旅行，一场与知识共舞、与伙伴共计的旅行。高中生活忙忙碌碌，可处处少不了书籍的影子，书中自有颜如玉，书中自有黄金屋。在读书会的课堂中，会发下一张由江先生精挑细选的话题讲义，每天阅读与思考，对积累素材有很大的帮助。每一位同学的发言也无愧"高质量"之称，将其记录引申，然后自用，这也是一大技能的激活点。读书会集你所需于一身，加入读书会会为你助力。】

社团招新前，我从未想过要来读书会。但我被同学所说的"来一场高质量的聊天"吸引，古人言"稍长，亲师友，学习今古"。读书是学习，使用也是，而且是更重要的学习。在我看来，在读书会我能从阅读、听讲中获得知识或技能，也获得实践。

你问我欢乐何在？——床头明月枕边书。希望我可以在读书会上"沾染"良好的精神风采。——高一4 戴琳雅

【编者按：知识用于实践，实践出真知。在读书会，讨论时的每一次发言都会成为一次非常有意义的实践，每一次听讲都能满载而归。在读书会这个大家庭里，有许许多多书籍，以及优秀的学姐学长，在这里你可以获得不少优良的精神风貌。也许你不太敢表达，但勇气可以培养，每一次的"跨越"都是一大进步。希望你能在读书会上积极发言，大胆表述自己的观点，与我们在实践中共同探索真知，让读书会成为你的依托，健康成长。】

理由二：被读书会所写的书或文章吸引，具有强烈的分享欲。

我为什么加入读书会？我之前说加入读书会是因为班主任的极力推荐，但真正让我对读书会产生浓厚兴趣的是《汗牛栋活页》。我看到的那一期中记述了读书会众人探讨文学、互论思想、赏评文段的过程。分享欲是读书会创立的初衷，我愿将我所爱分享出去，换来他人之爱。——高一6 张奥雪

【编者按：每一期《汗牛栋活页》在帮助同学们增长知识的同时，也彰显了我们读书会存在的意义。正是因为有如你一般期待《汗牛栋活页》的读者朋友，每一期的编者才会不辞辛苦地采集资料、整理文案。也期待未来能够看到你编的一期《汗牛栋活页》，听到你在读书会上为我们"讲课"。】

一开始是报到的时候，学校连带着作业发了两本《书生心路》。书的第一页就有关于读书会的介绍，看了几篇同学的文章后就很感兴趣了。后来社团报名的时候，看到读书会的桌上放着那几本书，认出来立马就冲上去报名了。读书会真是个好地方。——高一 12 叶芷含

【编者按：看了你的故事，不免感叹你加入读书会的路有些坎坷，所幸最终还是得偿所愿了。读书会确实是个好地方，同学们能够在此畅所欲言，彰显自己的少年意气。对于这样高的评价，我想读书会值得。从你的理由中也可以看出你是一个爱看书的同学，对于这一点，小编也想在这里夸夸你。走进书籍就是走进思想的闪光圣殿，希望你可以保持这个爱好，也期待你的文章。】

理由三：热爱阅读，期望能够加强口语和社交能力，能自信地展现自己。

为什么加入读书会呢？大概是不甘心。不甘心在与好友的唇枪舌剑中一次次失败，不甘心在同学讨论中总做仰着头的人，永远被动接受。但也庆幸遇见它，让我明白自己是多么无知，也让我望向诗和远方。第一个契机是在读《阅读，成长的摇篮》时，心中便升起对读书会的无限憧憬。也许在那里我可以拓宽视野，可以接触到和我同一志向的人，可以有个地方供我思考、探索。第二个契机是我们读书会在新华书店进行的书生荐书活动，我看到他们在台上侃侃而谈，自信满满、神采飞扬的样子再一次强化了我要加入读书会的决心。——高一 5 江宛柔

【编者按：看得出来你是一个好强的人，与人"对抗"的方式可以使

你成长，希望你可以在读书会遇到与你志同道合并且能够与你唇枪舌剑的人。在与这样的人"斗争"时，不应只意识到自己的无知，更应挑选出他们言语中的"金子"并将其"据为己有"。再者，每周的社团活动同学们都可以自主报名上台"讲课"。想要参加暑假荐书活动的话，还是先从简单的做起，不断磨炼自己吧。】

为什么加入？说实话，一开始以为每个人都要加入一个社团，读书会听起来高级一点。虽然后来听说不用每个人都报名，但我一点也不后悔，反而觉得更"高级"了。在每周二的中午，可以和一群人待在一块讨论，尤其还有一位阅读指导先生，可以很好地改善社恐和社交冷漠症。——高一5丁柯月

【编者按：其实像你这样误打误撞加入读书会的人不在少数，但很开心你在了解读书会后还能够选择留下来。读书会的先生与同学们都是真诚且善良的人，不要害怕与人交流。即使在这个看起来有些欺诈的时代，也仍然有人选择用真心换真心，希望你可以勇敢地踏出舒适圈，直面这复杂的世界。】

与读书会结缘是2021年读书会在新华书店举行的书生荐书活动，2个小时左右的观听，受益匪浅。深觉与这样一群人，在这样一个地方，才是使自己释然的。懊悔高一从未对读书会进行过了解，失去了不可估量的"财富"。高二开学就加入了读书会，每次参加都用倒数来计算。

读书让人沉淀，沉默地看完一本书，间歇性感叹书中的内容，兴起时捶桌并在书籍内页标注"又一神作"。现在读书不只看书中的故事，更要

把作者想要表达的挖掘出来，深入作者创造的世界。内心感通，便是至上的乐趣。有趣之处在于一人看书只是内存于心，但激情没有地方寄托。读书会就提供了这样一个互相交流的平台，同时也提供了锻炼我表达能力的机会。

读书，让自己对生活保持乐趣与热情，文字无声地提醒我们停留。看书吧。——高二9 王凯悦

【编者按：读书会的假期荐书活动有优秀的学子发表演讲，所讲主题亦是意义非凡。如你所言，从中可受益匪浅。从你对读书的介绍中可以看出，对于书你有充分的见解。如，读书让人沉淀。读书不仅仅看书中的内容，还要挖掘作者想表达的意思，发现人物相通之处；读书亦能保持对生活的乐趣和热情，这些很难不让人支持。从你珍惜每一次的小课堂中也可以发现，你对知识的热爱。你是一个热爱阅读、热爱生活的学子，你会沉醉于作者塑造的世界，用心感受他们，用自己的眼光评价他们。在此，希望优秀的你能在读书会中有所习得、有所拓展、有所提升，发挥自己的潜能。期待与你共同进步，也期待你能站上荐书活动的舞台，加油！】

理由四：希望提高作文水平，扩展思维、开阔视野、提升涵养，让读书成为生活的一部分，并且先生的课外讲课很有价值。

我加入读书会的理由很简单——希望提高自己的文笔以及在语文方面的修养。

加入读书会，胜读几本书。读书会的每一次讨论，都是一场启迪智慧的旅行。在这里，可以发散大家提出的每一个观点，挖掘观点中蕴含的深意，这对语文写作有很大的启发。当然，与大家一起编书更是令人自豪。

最重要的是，通过《阅读引领未来》一书，认识了我们的江先生！希望我在读书会的道路上前行，引领自己的未来！——高一5 蔡欣怡

【编者按：如你所说，在读书会上我们总是会对课本中没有的话题展开讨论。这使得大家能够充分发散自己的思维，了解更多我们以前不知道的东西，从而启发我们对自身、对生活以及对社会的思考。看到你能够如此积极地参加编书活动，我想即使是基于这点，江先生也会因为你的加入而感到开心。】

加入读书会有以下几个理由。

首先，在社团招新的时候，我第一次听说了读书会。在社长的一波"彩虹炮弹"下，我了解到这里有许多交流互动，可以聆听不同人的不同想法，这对我的思维扩展有很大的帮助。

其次，我对阅读的兴趣不高，而读书会是有许多知识和书籍的宝地。我想通过加入读书会，发展和培养自己的读书兴趣。

最后，我觉得先生的讲课很有意思，很吸引我。——高一4 章薇薇

【编者按：看起来你是被社长"骗"了，你这是上了读书人的当。有时候受骗并不是一件坏事，反而会使你见到不一样的广阔天地。通过加入读书会发展自己的读书兴趣，看似附庸风雅，但实际上并没有人天生风雅，大多都是附庸着附庸着就变得风雅起来了。因此我们应互相鼓励，一起"附庸风雅"，努力成为真正有文化修养的人。】

之前在暑假期间，有幸阅读了由读书会编写的《书生心路》。我被这

本书深深吸引，同时也对读书会产生了浓厚的兴趣。我深知在高中阅读的时间微乎其微，因此想通过读书会，多多阅读、开阔眼界，提高自身的涵养。同时，我也想提升自己的写作水平。这便是我加入读书会的目的。——高一12 王欣雨

【编者按：我想能够多多读书、提升自身涵养不仅是你的目的，也是读书会存在的意义，虽然实际上的社团活动与你所想的"阅读"有所不同，但相信你也在一次次的讨论中收获不少。《书生心路》之所以将学生定名为书生，就是希望突出学生是在读书的，也希望你可以多多读书，最终提升自己的写作水平。】

在我眼里，书籍不是我的必需品。就像饮食金字塔中的水果之类，我不需要用这填饱肚子，而是在吃腻主食之后以此来清口，带来别样的新鲜感。我加入读书会的目的是想在繁忙的功课之外，寻求一种新奇的体验。我更想让书慢慢渗入我的生活、体会它的内涵、提升思考能力、加深思维深度。——高二2 李轩怡

【编者按：读书会提供了各式各样的讨论题。在每周的活动课中，我们展开一次次的探讨，了解不同人从不同角度对事物的看法，汲取其中之精髓，加深自身之思维。在烦躁之时，看一本小书，亦如品一杯好茶，渐渐入味，充实自我。】

对我而言，为什么加入读书会？因为兴趣是一个看起来很高尚但却很虚无的理由，完全凭借兴趣而无关利益是不可能的。首先，加入的初衷是

提升自己思维的深度与眼界的广度，提升自己写文章的水平。其次，就是将它作为一种约束与动力。最后，便是兴趣。——高二9 王钰婷

【编者按：正如"无利不起早"，追求一个无利可图的事物，而放弃有利可图的事物，谁会这么选择？书籍是人类进步的阶梯，可以说，加入读书会是绝对有利可图的。《汗牛栋活页》中的文章，都是精华提炼，时而阅读，引用其中，可提升自己的写作水平。一句句名人名言，更打开了我们的思维。】

高中学习十分忙碌，有大大小小的考试。压力十分大，没有时间看书，但同时又想从书籍里找到一个放松心灵的地方。通过阅读，增长智慧、见识，提升自己的阅读涵养。加入读书会，遇见更多志同道合的伙伴，发展自己的人际关系，也为自己的阅读寻找一个合适的"天堂"。——高一6 梁馨尹

【编者按：高中固然忙碌，却也少不了书的陪伴。书中得来的知识，一生受益。每个爱读书、爱知识的人，能通过"书"相识，读书会则汇集了他们。每一位读书会成员都是一个宝藏，在交流中我们了解彼此，也愈发熟络，让读书会成为彼此心灵的慰藉。】

理由五：喜欢图书馆，并希望以读书会为依托获得更多机会。

我加入读书会的理由：1.高中一定要参加一个社团，留点精彩回忆；2.这个社团需要具备不可取代性，我在此期间做的事情必须要以这个社团为依托才能做到；3.初中当图书管理员的时候，在学校图书馆度过了一段

相当快乐的时光，往事历历在目，给我踏入的勇气；4.社长说不强制交作文。

我比较想参加暑假荐书活动（奥尔罕·帕慕克《我的名字是红》）；编书活动（以跑步为主题）；神话寓言活动（《龟兔赛跑》《夸父追日》）。

喜欢的影视作品：《阿甘正传》《小鞋子》；文学家：村上春树、林清玄；运动员：博尔特、苏炳添。——高一5班王安宇

【编者按：加入读书会，可以丰富生活，也能丰富知识。读书会希望每一位成员都能力所能及地为协会出力。因为有兴趣，所以去尝试。勇气也是通往未来的重要基础。勇敢发表自己的观点，有利于让他人了解你，更好地与你共处，生活也会愈加快乐。加入读书会，是个不错的选择！】

编后记：以上就是同学们阐述的加入读书会的理由。读书的意义不仅仅是为了考试，更是学习书中的道理，并使其能够指导我们的生活。所有的问题都没有标准答案，只有永恒的探索，而读书则是探索问题答案的一个很好的方式。走进书籍就是走进思想的闪光圣殿，当你静静地融入书中时，就会慢慢地发现，你的思想已不再是别人的跑马场，而是思维存积下的精神百花园，那里繁花似锦，那里五彩缤纷。生命有止境而思考无止境，所有的东西都不应该画上句号。笛卡尔曾说："我思故我在。"生活中没有小事，每一件事都是值得思考的大事。生活需要认真思考，也值得认真思考，而这也正是我们活着的意义。

最后，这个学期读书会的活动到此基本结束了。但仍然希望同学们能够利用闲暇时间多读书，写读后感，摘抄一些好词好句，从中学习与成长。读书会在寒假也开展了"网络读书节"活动，届时期望同学们能够积极参

与，在书友网络平台上畅聊自己的想法，互相讨论几篇文章。也期望同学们能够有所写作，如有需要可以向江先生请教。让我们一起过一个充满书香气息的寒假。我们的故事未完待续，期待下一次与同学们的相遇。

正在长大

二

书生阅读活动
与读写一体

百名中小学生的阅读调查

郑菁瑶

日前，笔者向温岭新河中学等中小学部分同学发放了"阅读生活"调查问卷。同时，通过书店、网络等平台，调查了近百名中小学生，得到了相应数据，在此进行简要分析与探讨。

阅读数量：小学生平均每月9本，初中生5本，高中生2本

首先是阅读量。小学生的平均阅读量是每月9本课外书，初中生5本，高中生则为2本。学生的阅读数量随着年级上升而减少，推测原因为学业负担加重，即学业负担与阅读量成反比。

根据高中生的调查情况，他们认为与其阅读几本课外书，还不如做几套习题对高考更加实用。也有个别学生描述紧张的学习生活压抑了阅读热

情，导致学生们的阅读量急剧下降。相反，小学生有更多的空闲时间来阅读。

不少教师和学生认为，语文成绩与阅读量有关。语文高分的学生其阅读量在中上游，语文低分的学生其阅读量相应较少。

27%的学生选读中外文学名著

根据调查显示，在 95 位学生中，27% 的学生选择阅读中外文学名著，14% 的学生选择阅读散文，11% 的学生选择阅读历史著作。其中，余华的《第七天》是作品举例中重复率最高的一本著作。跟踪调查发现，举例该作品的学生都是同班、邻班同学，彼此互相借阅本书。这说明阅读内容是互相影响、渗透的，阅读会形成群体氛围。同学之间形成"读书圈"更加有利于彼此促进。因此，同学们各带几本自己喜爱的书籍放在班级里，组成班级图书角，不仅解决了书籍数量的问题，更重要的是还能互相推荐书籍，提高阅读质量。

关于网络小说的选择，大部分学生表示通过手机下载阅读。相比那些文学名著，网络小说似乎更受欢迎。然而，学生的目光聚焦网络作品，不仅难以提升他们的文学素养，还会影响心理健康。相对于那些没有自控力的学生，网络阅读只会使他们迷失自我、远离经典。

选择阅读哲学作品的全部都是高中生，占总调查人数的5%。追问结果，喜欢西方哲学的占多数。喜欢的哲学家有外国的黑格尔、笛卡尔、苏格拉底、恩格斯，以及中国的老子、庄子等。高中生的抽象思维已经成熟，有能力接触这类作品。不少学生误以为哲学深奥，敬而远之。家长也认为哲学没有多少实用价值，没有重视。其实，哲学是所有学问的基础，具有强大的认识自然、社会与提高自身思维的功能，应当在青少年时期就开始接触。

大多高中生有反复阅读同一本书的习惯

关于看书过程间断时，有没有用书签夹入书籍的阅读习惯，总共调查了 95 位学生。68.4% 的学生选择用书签夹入，24.2% 的学生选择折书页。

对书籍的爱惜与否反映了一个人对知识的尊重程度，舍不得折书是热爱阅读者的共性。书签不仅方便阅读，而且本身也有美感，这种美融入书籍之美、阅读之美，构成良好的阅读习惯。

关于反复阅读的习惯，调查了 95 位学生。61.1% 的学生有反复阅读同一本课外书的习惯，其中 63% 是高中生。反复阅读是成熟阅读的标志，经过浏览的内容被认定为有价值，进而决定反复阅读，是阅读判断力提升的表现。反复阅读中不断有新的发现，之后走向精读。精读是最高层次的阅读。

关于去书店和图书馆，总共调查了 95 位学生。一个月里，16% 的学生没有去过书店，24% 的学生去过 1 次，35% 的学生去过 2 次，25% 的学生去过 3 次及以上。调查对象都是在校学生，放假时间少。4 个周末去 2 ～ 3 次书店，说明阅读积极性不低，且大多数学生能平衡好学习与阅读之间的关系。

去图书馆的次数没有去书店的次数多。一个月里没有去过图书馆的学生占 29%，去过 1 次的占 18%，去过 2 次的占 34%，去过 3 次及以上的占 19%。许多学生在填写的时候有过疑问，不知道该填写校内图书馆还是校外图书馆。另外，许多初中生、小学生坦言，基本上没有直接去学校图书馆借过书。29% 的学生从来没有去过校外图书馆借阅书籍。相比之下，书店更"热闹"一些。

关于买书、借书时间的调查

在调查的 95 位学生中，46% 的学生在书店买一本书只需要 10 分钟，37% 的学生需要 1 个小时，需要半天时间的占 17%。这说明学生们买书注重速度。追踪调查得知，大部分学生都是先确定要购买的书目，然后直接去书店购买，用时短暂。在图书馆的借书时间也差不多，27% 的学生只需要 10 分钟，34% 的学生需要 30 分钟，21% 的学生需要 1 个小时，18% 的学生需要 2 个小时及以上。不过，最后一种现象只出现在校外图书馆。因为忙碌的学业，高中生在校图书馆的借书时间比较短暂。买书、借书是阅读的开始，第一步比较重要。学生们应当慢慢形成买书、借书的习惯，通过不断选择、对比，选出适合自己的书籍，不要急于求成。

关于平时主要和谁一起去书店的问题，调查了 95 位学生，55.8% 的学生是自己一个人，6.3% 的学生是与父母、爷爷、奶奶等亲人一起，37.9% 的学生是与朋友、同学一起。追踪调查得知，有的是不喜欢与父母一块去，更多的是父母没有时间。父母陪同，容易形成家庭阅读氛围，这对小学生尤其重要。初中生偏向和朋友、同学一起去书店，这样有利于朋友、同学之间形成一种阅读氛围，互相勉励、共同进步。

购书、藏书可以增强阅读氛围。小学生、初中生容易受教师引导买书，高中生好像"不听话"，喜欢独立判断，有兴趣的买很多，没兴趣的就不买。相对来说，买得多的学生更容易进入阅读状态。不买书的学生，没有给自己营造阅读氛围，往往阅读热情不高。

关于书架的个数，在调查的 95 位学生中，16% 的学生没有书架，8% 的学生家里有 3 个及以上的书架，76% 的学生家里有 1 ～ 2 个书架。没有书架的学生不等于没有藏书，而是没有一个适合阅读的空间。书架不仅使书籍摆放有条理，便于阅读，还能营造阅读氛围；书架可以增加藏书、阅读的兴致。父母愿意花钱给孩子买书架，这是鼓励孩子阅读的一种表现。

同时，在被调查的学生当中，也有少部分家庭拥有民国时期和 20 世纪 50—70 年代的书籍，有一位初中生表示家里有清代出版的书籍。说明这些学生的家庭阅读氛围浓厚。

将来喜欢开艺术类书店

关于未来出书的构想。许多学生希望能够阅读文学作品，进行文学创作。有学生希望出版娱乐休闲方面的书籍，也有学生想阅读专业书籍，为将来出版专著作准备。

拥有阅读理想是对自己的一种规划，是一种积极的人生态度。学生们在明确目标时选择相应的书籍，明确阅读方向，为个人发展奠定基础。将部分阅读作为休闲，也是一种美好的选择。

至于开一家哪方面特色的书店，学生们各有各的想法。选择最多的是艺术类书店，文史哲类书店的选择并不多。在众多学生心里，艺术总是以一种轻松、优雅的基调出现，所以更能让人感觉惬意。对于高中生来讲，艺术也是自我调节的一种方式。如果学生能用同样的方式对待阅读，也能够享受其中的魅力。

编书是中学生很好的读写方法

江宛柔

我们写作文有很多资料，书店里买一大堆，网络上鼠标一点几万、十几万字，够我们"丰富"的。这些资料数量多，质量也不错，却很难与我们的心灵相通。怎么办？自己选择资料是很重要的一关。比如，好多老师编高考优秀作文集，以此指导学生，也有老师不断寻找阅读资料给学生。我们学校就有《汗牛栋活页》，基本每周一期。经过编写，特别有亲切感。

那我们中学生能不能自己编资料？语文试卷中有许多阅读资料，有各种要求，我们能不能自己动手进行分类编写？这是有先例的，著名作家金庸就曾这么干过。在读中学时，金庸给小学生编了一本《献给初中投考者》。这本书让他获得不少稿费贴补生活。现在也听说有中学生编书给自己面试加分的事。

编书是我们中学生很好的读写方法。有人担心水平不够，有人担心时间不够，其实都是没有重视。中学生最重要的能力是什么？不是完成多少老师布置的作业，解出多少题目，而是自主学习的能力，通过阅读汲取知识，咀嚼、运用，长成自己的骨肉。编书正是这样一种能力，或者说，读写最重要的是主动驾驭知识、把握知识体系。

我们不妨从简单的地方做起。最简单的形式，同学们把自己写过的文章或抄来的文摘，进行分类、排列，装订成册，自己做自己的编辑。编书是在海量阅读中选取自己喜欢的，或按主题需要归类选择。同学们按照自己的需要编，不一定要质量多么高，却一定是自己主动的选择。

编书要先有选题。选题就是综合自己的兴趣与对世界的思考，找到一个价值点，即对自己与世界都有用的点。如吴同学编了《战争的另一面》，这符合他的性格特征。他小时候喜欢看打斗故事，也算有调皮的一面，长大后把目光投向了战争片，高中后进入深入阅读，以此满足自己的心理需求。在不自觉的状态下，他接触了不少战争知识、兵器知识，以及与战争有关的宗教、文化、民族等知识，不断升华、不断探究，了解了战争理论，积累了丰富的资料，打开了编书的大门，编出了《战争的另一面》。并因此爱好选择了政治学，将专业与爱好统一。相对来说，有些女孩子不想选择战争主题，而选择了女权主义，选择了李清照、居里夫人，把这些女强人形象罗列出来，编成书，也找到了自己的崇拜点。仿佛看见了自己未来的人生轨迹，算是给自己规划人生提供了依据。

假设初一时选择十几个选题，不断更改，编到高三，那这些选题和与之相关的问题就是自己熟悉的"场域"。从另一个角度讲，我们的课内作文、阅读理解就是与这些"场域"对接。老师给予的命题是被动的，自己的选题是主动的，是亲身实践过的，因此会留下深刻的记忆与深度的理解。在编写的过程中更深刻地体验知识，形成属于自己的小小的知识体系。经过长期编书，我们的作文素材还能跑到哪里去？但不要局限于考试，提高分数只是附加作用，要让兴趣引导编书，让广阔的人生见识引导自己。编书本身也是从不同角度感知、认识这个世界。我们在收集资料的过程中，要求同学们大量阅读，从五花八门、纷杂繁乱的资料中梳理出与这个主题相关联的、具有意义的片段或章节。这需要泛读与精读相结合。如果我们在大型图书馆寻找资料，没有泛读能力是无法完成的。泛读让知识有广度，精读让知识有深度，编书结合了两者，形成了强大的阅读力。

现在比较重视阅读速度。语文教材总主编温儒敏教授说："语文高考最后要实现让 15% 的人做不完！"不仅阅读字数增加、题量增加，阅读面也变广变宽，哲学、历史、科技……什么类型的内容都有。但文学素养的提高，不在一朝一夕，而编书符合了这一要求。如长期的战争阅读、女权阅读等，在日积月累中加深主题。那么在遇到与之相关的命题时，就能从容面对，挑选新颖独到的材料，大笔一挥，洋洋洒洒地写下文章。

分类是编书的关键，要求我们宏观地排列组合材料，或按时间顺序，或按材料特性分别排列。同一主题，编者想要表现的主旨不同，那么顺序也不尽相同。要精读每一份材料，在此基础上，按照需求进行合理删减或点评，这有益于我们提高对材料的理解和思考能力。但不要在仅有少量材料时就将其精细分类，再由分类去找材料，这会缩小你的接触面。要不断增添材料，增添到一定程度，再仔细筛选，否则就是矮子之中挑高个，价值不大。本人编写了《香霭》，接触了约有几个 G 的资料，再进行筛选。开始时按照香气分类，最后细分到每一类的历史发展，增加了香礼、香的用具等章节，越编越感觉自己爱上了香道。历时一年多，获得学校读书节编书一等奖。最近，先生向我介绍《乐感美学》中的"香气之美""妙境可能先鼻观"等内容，我得读读这本书，进一步理解香道文化，也许能进入美学殿堂。

然后便是写序言或后记，表达自己对这一主题的感悟、收获或概括此书的内容，对这一主题有更加深刻的理解。最后是设计封面和封底，其中必不可少的是要深刻理解你的选题，向自己或向他人阐述你对这张图的构想。如《战争的另一面》的封面是穿戴盔甲的骑士策马奔腾，体现了战争的主题；底色是冷色调，表达编者对战争的否定。

当然，我们还可以试着将主题资料进行改写。如"怎样让中学生作文语言优美起来"，其中一个方法就是把古诗文进行改写、编辑，与自己的理解混合成一段段文字，训练出美的语言。安忆如、白落梅等作家都喜欢对古诗词进行改写、编写。我们引用一段改写的《卜算子·咏梅》：梅花在不经意间悄悄牵起微风，飘落而下。落在地上，沾染上了泥。一辆车路过，花瓣被碾过，化作了尘土。虽已粉身碎骨，但梅花的香气依旧如故，久久萦绕在我的心旁。

也有人将文字与影视相结合。如战争主题，将枯燥的理论阅读与激情的实战影像结合，这有益于保持我们的长期兴趣。发达的互联网让这些资料触手可及，只待你去寻找并将它们内化。

同学们互相交换自己编的书，这种"赠书"模式是很好的读书活动。我们提倡结书缘，更提倡用自己编写的书进行交流、讨论，进入心灵的深层沟通。

找到自己的书圈

叶芷含

"读书、写作，是用语言文字反映生活、表达存在、找到内在联系，读写一体。"这是先生在读书会上说的。那么，书缘就是在读书与写作中，用文字产生人与人之间的联系。以书交友，书圈就是以书友结成的朋友圈、小团体。

人与人之间的关系有很多，除了自出生就已决定的血缘关系外，还有同学关系、上下级关系、买卖关系、点头之交，以及深入人心的真情挚友。最后一种由书缘所带来的内心震动，那是阅读的力量。

"阅读让自己得到远距离的呼应。"当我们捧起《论语》《诗经》《道德经》诵读，体会来自几千年前孔子、老子等古代圣哲的谆谆教诲，从中悟得人生道理，我们便穿越了时间与先贤共鸣。翻开欧洲的小说，我们仿佛"经历"了西方社会漫长的黑夜、目睹了人民生活的苦难，我们也跨过了时空欣赏他乡的风景、了解异国的历史文化。东方人读西方经典，是不

101

同文明的相互呼应。现在下笔做的阅读笔记、写下的心情，将来翻开书籍、日记本回忆；现在买下的书，或来不及将来再读，或读完了将来重读，都是现在的自己与未来的自己遥相呼应。今天的努力，同学们共读时思维的碰撞、感情与友谊的火花，都不会消失，会在未来被重新唤起。现在的阅读与未来相呼应，"因你，我走向远方"。因为读书，我们产生了联系，在书缘的牵引下，我们拥有更好的远方。

从这个角度上说，大作家的文字感动了我们。作家与我们之间也是书友，也因书结缘。比如《红楼梦》研究专家就把曹雪芹当成朋友，也把红学同行当成朋友，甚至把我们这些"小红粉"（《红楼梦》爱好者）也称为读者朋友、听众朋友。我们高攀一下，也找到了自己的书圈。多少女同学喜欢三毛，喜欢林徽音，爱到极致，是高度的心灵感应。

我们围绕人类精神的财富——书籍，形成了我们的书圈——读书会。从书缘到书圈，是共同阅读，是精神分享。精神在分享中丰富，在分享中提升自己的境界。读书会收集与讨论的主题，从"杂乱美""新闻传播的正义美"到"意境美""清明上坟美""化妆的艺术美""制服美""仪式美"等，都给我们留下了一系列美的深刻印象。每周一期的《汗牛栋活页》与每年结集的《书生心路》，都是我们书圈的结晶，记录了同学们的心得体会。人生路上，山一程水一程，一段阅读一段心程，留存于母校，留存于美好的记忆中，成为我们的精神港湾。

书圈存在于社会各处。据悉，"五一"期间南屏小区组织了一场读书会活动。读书渗透于社区生活，书香满溢在小区细微处。有家长说要带孩子来参加，见识见识。有商业头脑的人马上说："这是房子推销的好方法。"

关于名著经典，很多学者文人根据不同的专题形成了不同的书圈，比较松散的如贴吧，比较严谨的如学会。学会的专业性较高，需要大量的知识储备与文化素养。有的在网络中形成书圈，现在网络自由度高、条件宽，专家的讲座随时可以由腾讯会议等面向全国直播。有相同爱好的人可以自由组合，作为中学生，我们去听一听也无妨。有时似懂非懂，却可能在将来恍然大悟，伏脉千里，遥相呼应。

可以说，作为当代高中生，我们需要读书。不仅仅需要班级这个学校的"书圈"，还需要自己小众化的书圈。让同学们有自己的一片课外阅读天地，可以补充课内，"两条腿走路"。学校与社会都一样，书圈越多的地方，文化氛围总是越浓。我们要在全校范围内组成更多的书圈，让同学们找到与自己有相同读书爱好的人，结成可以畅所欲言的书缘，这是我们本次读书结缘活动的目的。

为此，我们组织了读书节的结缘活动。一般的组织流程如下。

让参与的同学选择自己喜欢的书，写上自己推荐的理由，并摘录一段话。然后在其他同学推荐的书中选择自己感兴趣的一本，选择同一本书的同学就初步结成了书友，可继续讨论。以同本书为契机更容易建成书圈，为书找人，为人找书，我们来做"红娘"帮助大家。

本次活动的参与者近 150 人，推荐的书有 100 多本。推荐次数较多的前几名分别是《活着》《云边有个小卖部》《红楼梦》《小王子》《三体》《老人与海》。最吸引大家的书是小说，跌宕起伏的故事情节受到同学们的喜爱。表现当代现实生活，接近中学生生活实际的读物推荐得最多。书圈因共鸣而存在。当然，我们重点推荐经典名著，因为它们能给予我们更大、更深刻的世界，拓宽我们的眼界，提供我们更多看世界的视角。

今年的读书节活动已基本结束，但读书并没有到此为止。再过一段时间我们就迎来了暑假，暑假是一段属于自己的较长的宝贵的空余时间，希望同学们能利用好暑假，多多组成书圈，讨论交流。相信经过一个暑假，大家一定会大有收获！因此我建议，爱好《红楼梦》《活着》等书籍的同学们，不妨组成一个微信读书群，线上交流，互相讨论，读读、摘摘、写写。再把这些内容汇集起来，编成一本小册子。《汗牛栋活页》欢迎你们的读书成果。

　　长长的暑假，少些游戏圈、追剧圈，多些读书圈、写作圈。

以艺术审美提升人生
——《文创产品选辑》前言

林　佳

物质生活其实有一个很大的缺陷，那就是有限性。比如，一个人有一辆车、一栋房就够了，盲目增加数量，会造成资源浪费，也不会给生活带来多大的幸福感。那么在这个基本解决温饱的时代，人们会更重视精神上的满足，追求更加高雅的生活。将人生艺术化，创造文化艺术产品就是一种很好的方式。艺术可以将人生无限放大，在艺术人生中一切都是无限的。与此同时，当人们重视精神上的满足时，我们就可以通过对文化的创造来体验人生美。

文创，即文化创意产品，是重视审美价值的实用产品。文创活动可以美化生活，是与读书生活联系最紧密的创造活动。

纵观历史，我们不难发现文创有它的古典源头。就拿传统书房来说，书房是文人博览群书、接受文化熏陶的雅地。为此，文人会在书案上摆放文房四宝，还摆放笔搁、笔架、笔洗，以及镇尺、香炉等。一些文人除了满腹经纶之外，还具备手工能力：将座右铭雕刻在毛笔上激励自己；将喜爱的四君子绘制在镇尺上；将香炉的造型雕刻成鹤、莲花等，置身于线香焚烧的萦绕，心系自然万物，修身养性。

回观现在，文创更是无处不在。例如，旅游特色的文创产品，越王勾践U盘、新疆馕饼鼠标垫、故宫便签，等等。我们常常能看见市面上的DIY服饰、DIY背包，人们也逐渐把自己对于美的追求转移到自己创造美的行动上。这也与我国著名人生论美学大师金雅教授对于人生艺术化的美学观点相契合。"人生论美学核心的一点，就是将审美、艺术、人生打通，把整个人生作为创美审美的对象，而不仅仅局限于理论思辨或艺术活动，倡导在人生实践中成就真善美贯通的大美，强调人生美的创造与欣赏的统一，追求人自我的美成。"

我们与其一味追求欣赏美，不如换个角度去创造美。其实制作文创产品是趣情，也是美情。最常见的文创产品如书签和挂历，其制作流程非常简单。我们可以将自己喜欢的风景、名人名言用自己的形式绘在上面，抑或发挥自己的想象力在白纸上任意挥洒笔墨，然后手裁出树叶状、云朵状、花朵状等等，最后再用彩带穿孔系牢，这样你将拥有一个属于自己的独一无二的书签。将其夹在书本里，每当你翻开书本，拿起自制的书签，我想你的心里就会不自主地荡起喜悦之感。爱上阅读，爱上书签轻轻刮过书页的沙沙声。还有挂历，最重要的是每个月对应的背景图片。我们可以回想自己在每个月最期待做的事情，将其以简笔画的形式描绘。当你翻页时，就会憧憬未来、满怀希望。抑或将校园风景、家乡习俗编排在上面，每当我们翻过一页页挂历时，我们不仅翻过了时间，还有对学校、家乡文化的热爱。

当然，我校也举办了文创作品比赛。通过文创作品的征集，我们不难发现大多数同学都充分发挥了自己的想象力。有将时间广场前的草地设计成手表的指针，将校徽的造型搬到表盘里，督促同学们珍惜在新中的美好时光。有将教师办公楼的建筑图标转移到公文包上，几个大柱子成了包的扣带，让同学们把教师的谆谆教诲带在身边。还有将长城遗址制作成摆放毛笔的架子，让同学们每当拿笔书写华丽篇章时，牢记历史，不忘初心。更有将新中华砚湖美景与中国古代服饰相融合，长裙飘飘，尽现新中风采。将新中元素融入文创产品，激发同学们对新中的亲近感、自豪感，提升同学们对美的认知。我们举行文创产品活动的初衷恰恰与人生艺术化观点契合，将新中元素与我们的日常用品相融合，充分发挥我们的主观能动性，为原本枯燥乏味、三点一线的校园生活增添不少趣味。也正是同学们对于美学的追求，使我们拥有一双善于观察美的眼睛，充满美的想象力，促进自身创造美的能力，激发乐观美好生活的积极性。这些都体现了同学们对于优雅文化，对于阅读生活、校园文史的热爱。

除了这些，我们不妨将自己熟悉的环境融入文创。生为温岭人的我们，可以在游玩长屿硐天、温岭石夫人、石塘千年曙光碑、新河寺前桥等地方景点，在充分了解江湖诗派领袖戴复古、保卫家乡抵抗倭寇的张元勋、少负才名的徐似道等文化名人，在品尝皮薄馅实的嵌糕、皮脆内香的泡虾、清凉可口的山粉糊等地方特产后，将这些以其他的形式呈现在我们的日常生活中。比如，可以将其形象绘制在书立文件夹上，将其配色融入水杯，将其造型做成书桌摆件。在文化艺术的熏陶下，这些文创产品可以让我们的地方文化高雅起来。与此同时，我们还可以放眼周围、扩大范围，如全国各地的风俗习惯、各民族的历史特色、各地区的建筑风格，等等。

通过发现美、创造美，我们会慢慢地发现物质生活的有限性和艺术人生的无限性。如果美不关乎实用，那么文创是以一点点有限实用为由，放大了美。让我们用艺术装点人生，以审美提升幸福感，使有限的人生变得无限！

《校史文化知识竞赛集》前言

张雅澄　　王若南

我是新中人。

当我们跨入新中大门时，我们就已经属于新中。知我新中，方能爱我新中，让自己拥有归属感，让自己更热爱生活。校史文化也是我们的一门学科。广泛地说，校史、家族史、故乡地方史，是最直接的历史体现，也是历史的起点。每一种史都能让我们在这个纷繁复杂的时代找到落地归根的感觉。青春期是一个人社会生活的开端，若干年后离开家乡、离别母校，忘不掉的是亲人邻居、同学朋友。正是这些精神元素鼓励我们走向未来。

因你，我走向远方。

一本厚厚的《天开文运80年》，记载着新中艰难的诞生。新中前辈栉风沐雨、历尽坎坷，4万多学子桃李芬芳，走向五湖四海。"一遍读罢头飞雪"，时光在不经意间流逝。我是谁，我从哪里来，我到哪里去。我是新中学子，我从新中来，我走向未来、走向世界。

翻开校史，字里行间情深意切。我们仿佛回到了战火中，文笔塔下，借用登明寺办学时。庙宇中，和尚的念经声与学子的读书声交织在一起，一切历历在目，久久不去。

几分繁华，几分沧桑，纵使时光易逝，年华老去，历史的痕迹依然存在，前辈们留下的火种深深蕴藏于每位新中学子的心中。我们后生感念以一己之力创办战时补习学校的闻诗先生，感念抗战时期为学校捐出全部的授智法师。

新中校史，它不是一支短短的蜡烛，而是一支由我们新中校友紧握的火炬。代代接力，薪火相传。新中校史日渐丰富，能人志士层出不穷。在众多校友前辈中，理有中科院院士闻邦椿教授、文有著名美术史论家王伯敏教授、医有邵逸夫医院院长蔡秀军教授，还有当地政要巨贾。学校中的一些著名建筑，例如寸草廊、报春阁等就是校友捐款建成。我们感恩勤勤恳恳、教书育人的各位先生，80多年掘土深耕，曾经的幼苗长成参天大树，绿荫绕绕、枝繁叶茂，唯一不变的是从严求实的教育思想，是新中弘毅致远的教育理念。师生心同此念，共行此风。先知先行、先立先达，一代代先生青蓝相继，立德树人。学界商界、政坛军旅，一届届学生回到母校，报效故土。回首母校，学子情深。几十年归来，华砚湖重聚，一声先生好，几多慈母情。

我们有幸继续接力，决心让薪火更加光明灿烂，执意在校史中留下浓墨重彩的一笔。

多年后，某位学弟或学妹在翻阅史册时，也会在里面看到我们的名字。或许在未来某个不为人知的日子里，我们会突然想起当年华砚湖边散步的悠闲惬意、艺术馆中高唱的酣畅淋漓、排球场上吆喝声的肆意纵横。中国男排主力张景胤和张冠华、沙滩排球全国第一的丁晶晶、赛艇全国第一的张佳莹等，在他们这些学哥学姐心中依旧有落日余晖中挺然矗立的文笔塔、清风拂过下微微荡漾的华砚湖。百花齐放，朝阳下澈，银桂飘香，临风啸然。这一切的一切，都是母校带给我们的美好回忆，而校史则是连接我们这份回忆的纽带。为此，新中文笔读书会举行了读书节活动——校史文化知识竞赛。

本次读书节校史文化知识竞赛活动从开始到结束历时4个月，内容涉及新河中学自1937年成立至今的大部分重要人物和事件。因为中间跨越了寒假，所以我们将准备过程分为线下和线上两部分。首先，我们活动小组在期末前将文字材料整理出来，同时选取新河中学校史册部分内容，一起编成题目。其次，寒假期间我们在社交软件上建立了校史文化交流群，在线上完成了试题的分类并顺利定下试卷初稿。最后，在本学期初确定内容，并于3月底举行了校史文化知识竞赛。活动小组成员批改试卷，确定获奖名单，由校团委公布并颁发奖品。

奖品只是手段，竞赛也只是一种"游戏"，重点在于参与。我们的目的是走进新中历史，体会前辈筚路蓝缕、艰难开拓、教育救国的情怀。此次活动通过同学组织、同学参与、先生指导，让我们深度体验新中文化、感受文脉涌动、激发创业精神。组织本次活动是理论付诸实践，是智育、德育、美育，更是知情意行的"张力贯通"。它令我们深切体会到新中学子所需要的校史文化。尤其在这样紧张的学习之中，在生活碎片化的现实面前，我们更需要文化实践活动作为精神寄托。

现在我们将收集到的内容编成小集子，丰富新中文化，让新中校史走向远方。

乡里乡亲"传帮带"
——中库村经济发展情况采访记

林　佳

采访主题：中库村经济发展情况调查
采访对象：箬横镇中库村村委会主任李村
采 访 人：温岭市新河中学高二 11 林佳
采访时间：2022 年 2 月 8 日

Q：李主任，您好！先祝您春节快乐！今天我想了解一下我们村的经济发展情况，这是我们学校文笔读书会布置的社会实践内容。辛苦您了！

A：不辛苦！也祝你新春快乐！

Q：我们村现在常住人口有多少？主要从事什么行业？

A：我们村有 1218 人，传统产业是做洋糕，现在还有好多年轻人跟着家族里的老一辈做。另外，还有不少村民在自己家里办起了机床加工厂。

Q：制作洋糕为什么是我们的传统产业？为什么大家都在做？

A：说起这个洋糕，我们村里一直流传着"一日之计在于晨，一餐之计在洋糕"的说法。别看这一份洋糕，小小一块却是我们村的经济支柱。它还是村民每天的第一餐，为早起勤劳的人提供了能量。

最初只有一家在做洋糕，他们每天天没亮就起来，泡米、磨米、发酵、搅拌、上蒸笼，很辛苦。好多人体验了搅拌这一工序，没过多久手就酸得搅不动了。可做洋糕光这搅拌就要持续30分钟以上。慢慢地，这一家生意越来越好，他们就叫上自己的兄弟姐妹一起干。

这就是我们常说的"传帮带"。一传二，二传三，我们村也就因为洋糕出了名，村民们的钱包也渐渐鼓了起来。

Q：机床不是很脏的吗？为什么这些村民会放在自己家里办呢？

A：虽然说机床很脏，而且到处都是金属味，不太好闻。但它毕竟不是液体，污染没那么大。村里有一些年轻人没学历，外面单位没人要，就到亲戚家打工。加上现在机床都是半自动化的，不太累，年轻人也愿意干，就带回家里干。这样大大节省了成本，容易带动创业。有钱大家一起赚，你那没货了，从我这调，村民们因此纷纷办起了股份制的小工厂。这些都是"传帮带"的影响。

Q：那么会不会有些人是带不动的呢？

A：带不动，那肯定是有的。有的年轻人每天游手好闲、好吃懒做，有的甚至赌博。怎么办呢？我记得小刚（化名），每天凑在老年活动室里打牌、搓麻将，不肯劳动。但他有些怕媳妇，村妇女主任等就联合其妻子做他的思想工作，帮她出主意，不让他懒散。每当他一坐下搓麻将时，村民们就对他开玩笑说："小刚，你媳妇来了！"让他感觉"倒牌子"（台州话，没有面子的意思），玩不下去。最后亲戚借钱给他，让他也买了车

113

床做。过了一段时间，村民们说："小刚'完'（台州话，好起来的意思）起来了。"不出几年，他也赚了钱，造了新房子。

还有一种情况是在同村老板那里做工。从我们村走出了很多企业家，他们又回馈、反哺家乡。比如，天盛控股集团有限公司林德叶董事长说："要拿出最好的作品，向家乡人民汇报。"他曾在浙江省民营经济大会上拿出"天盛中心"项目回馈台州，也安排村民到他公司工作。同时，他每年都会拿出一些钱，放入村里的公积金，为村民造福。

Q：那有些村民失去劳动力，如孤寡老人，他们怎么生活？

A：对那些失去劳力的孤寡老人，我们村里给予补助，给他们不同程度的温暖与照顾。同时，那些沾亲带故的村民也会帮忙照顾。所以，我们村没有被遗弃的人。

Q：在未来经济发展方面，我们村有什么打算？

A：我们要想方设法提高村民的收入，增加村里的文化投入。前几年建了文化礼堂，接着我们还要把村里美化起来，搞好绿化。把河岸用石头砌起来，让环境更优雅、生活更美好。

Q：谢谢李主任，谢谢您接受我的采访！祝我们村越来越好！

A：也谢谢你的采访。祝你读书进步！

由语录阅读看"我的一(几)句话"作文题

江富军

语言是交际的工具,是思想精神的载体。一个人从一无所知到有经历、有体验,总会得出一些经验,讲出一些道理。一个过来人,总有几句人生社会方面体会深刻的话语。语言支撑起一番道理,马克思说:"语言是思想的直接现实。"

我们中国人喜欢把很多思想感悟汇集成一句话或者几句话,反复吟诵、不断斟酌,以此提升生活境界。同学们在自我介绍时,常常加上"我最喜欢的一句话"来展示自己。这句话(或几句话)来源广泛,书本中的、生活中的、自己创作的都可以。诗歌、警句、俗语,甚至一个词语也行。一句话可以是阅读几本书之后的选择与总括,可以是一段生活经历的总结,也可以是观察自然的总结。从广义上讲,大自然与社会观察也是阅读。把所读内容用一句话或者几句话进行归纳、提炼,再进行写作,也是读写一体。

我们往往急于把记忆深刻的、牵动自己思想的句子与别人分享，就像通常很多长辈说的："没什么好送的，就送你一句话。"民间有"老辈人的话好做药"的说法，古代有"金玉良言"的比喻。我们也不妨学着用若干句话来梳理我们的生活，写几篇文章交流内心世界。审视自己的成长状况，展示自己的生命情怀、思想境界与精神天地。

这是语录阅读，是精读，简单中有丰富。阅读就是让自己生活在情与理之中，不断解释世界与自己，不断探索，边行边知，丰富人生。书籍的无穷力量即在于此。而精读的表现之一就是一句话带出很多东西。语录阅读先挑选，寻章摘句，再注释，介绍来源背景。这句话引发的故事，联系到的人物，还有这句话的多种解释，不同年龄段、不同时代对它不同的认识，不同人物对它不同的理解，等等。有了这些联系与解释，语录阅读就不是碎片阅读了，也不是口号式的，它内在地与生活体验、学问天地相结合。我们不妨通过"我的一句话"写作，形成知行合一的真阅读。

也许是我们文言文注重言简意赅，很多国学内容往往是语录体的。如《论语》，两千年来《论语》有上千本注疏传世，几乎一年一注。较著名的古有朱熹的，现有杨伯峻的、李泽厚的。《论语》是孔子的，也是被后继者发展了的。阅读是读者与图书（作者）的互动。作家麦家在《好好读书》一书中说："一部作品的阅读史就是一部漂流史，每一个变化的评判背后，都隐藏着一个时代的影子。"《论语》等国粹因中国历代读者的努力而成为我们民族的共同精神财富。中国历代古诗词，更是文情并茂，警句迭出，承载着民族精神。从这个角度说，语录体阅读早已让我们"诗意地栖居"了。

书法阅读可以说是最美的阅读。书法是我们汉字特有的表达形式，托意于线条，虚实结合，技术与艺术高度融为一体。将自己喜欢的句子写成书法作品，置于案头或墙上，闲暇时欣赏。用优美简洁的文字唤起思想，支撑思维，成为自己的精神支点，在语言构筑的世界里体验美好。我们的思想情感随着笔势走向而起伏，深入地体验了语言中蕴藏的情怀，这可以说是阅读的极致境界。比如一位朋友在墙上书写"冰封"二字，笔力强劲，结构洒脱，给人场景联想、比喻联想等等。他对人生的理解就是生活要穿过表层，才能深入真境。另一位朋友写有"沙场马蹄"四字，大家在他家相聚时经常欣赏，感慨他一路拼搏，友情倍加浓厚。如此背景下，下笔成文就是水到渠成的事了。

语录阅读不仅是精读，还可以是挑战阅读。我们认识名家，往往从他的语录开始。针对哲学、社会学名著，我们提倡中学生先通过语录阅读来接触它们。长期浸染，染上墨香。语录是窗口，是跳板，打开智慧的大门。纵观世界名家，总能找到相应的语录与之匹配。培根的"知识就是力量"、李白的"仰天大笑出门去"、王阳明的"知行合一"等，就好像他们的标签一样。这标签能引领他们，也能引领我们，身体力行。回过头来再用语言总结，"一生心血结成字"，凝结成生命的真谛。

由此，我们中学生经常写"我的一（几）句话"作文，能让自己更好地成长。

附："我的一（几）句话"作文题

在我们的生活经历中，总有一句话或几句话是我们记忆深刻的，是很有感触的，是切入自己的思想感情深处的，是曾经引导或正在引导自己的，是与自己的成长相伴的，是能牵引出一些人物、故事的，是有一番道理的。

这一句话或几句话，可以是书上看到的、影视中听到的，也可以是日常生活中接触到的，还可以是自己写出来的。可以是长辈说的、同伴说的、小孩子说的，也可以是名言警句、诗歌、俗语，还可以只是一个词语、成语等。请你把它写出来，根据这句话写成不少于 800 字的文章，向大家展示自己的生命情怀、思想境界。题目自拟，除诗歌外，文体不限。

也许在你的头脑中这些语言有很多，那就多写几篇，形成一组文章，展示自己的精神天地。

足够多的云翳

张　娟

　　生活有酸甜苦辣，人生有千姿百态。在时间的长河里，我们只是一段，一小段。为了这一段时间，我们努力，我们奋斗。有句话说："人家只在意你飞得高不高，不关心你飞得累不累。"相比之下，我更喜欢这句话："愿你的生命中有足够多的云翳，来造成一个美丽的黄昏。"

　　这句话出自冰心的散文《霞》，是冰心翻译的英国《读者文摘》中的句子。缘分让我与它相遇，从此它便印在我心里。初读时，只觉得它很美，脑海里出现了一幅图景：晚霞聚集，一层层，落日下的黄昏，辉煌与短暂。再读时，意会到云翳是造成美丽黄昏的原料，人生也一样，在于你打算用多少成果来装饰自己美丽的黄昏。

　　面对眼花缭乱的世界，我们或许有迷茫、有痛苦。我们试图用奋斗来证明自己，用成果来让自己的名字响亮。我们喜欢《平凡的世界》里的孙少安、孙少平，因为他们勇于面对现实的挫折，不懈追求人生的理想。奋

119

斗，是年轻人的基调。但生活里，我们沿途的风景过于美好：有父母宠爱，有好友相伴。我们容易因诱惑与安乐而停下脚步。

因此在我们展翅高飞前，我们经常被告知：这样太过安逸的人生是一种缺陷。我们被置于父母、老师的天空中，让大家观看谁飞得高。于是，我们就有了被"绑架"的感受。名人名家在我们面前，我们爬上他们的肩膀，登高望远。为了"足够多的云翳"，如机器般机械地开动。至于累不累，无人过问。看看职场上的竞争者，从来只盯准目标，让自己成为大家离不开的人，就能升职，就能得到奖励。问一句累不累都是傻话。似乎达不到飞的高度，都不配说累。

然而大家又都说向往"诗意地栖居"，向往桃源宁静，向往瓦尔登湖简朴的生活。把一切成果都看得无足轻重，显示自己的高蹈。这时好像不需要"足够多的云翳"，也没必要有"美丽的黄昏"，更不在乎"高不高"，也不存在"累不累"。

三毛在《撒哈拉的故事》中说过："没有变化的生活，就像织布机上的经纬，一匹一匹的岁月都织出来了，而花色确实一个样子的单调。"上面两种生活，都是不变的色调，同时也是不切实际的。多姿多彩的人生，要的是曾经奋斗，也曾经诗意；曾经飞翔，也可能爬行；曾经幼稚，也终于成熟。每个人都是个性的存在，都有自己的故事。奋斗，是自己的选择，诗意也是自己的追求。

"我们想到将来，想知道，我们抵达时，哪一个会更陌生：是我们自己，还是坚实的土地。"（选自马克·斯特兰德《我们生活的故事》）我们充满斗志地出发，走着走着仿佛不认识自己。当我们在人生接近黄昏时看自己走过的路，或许会惊叹自己的变化。那"足够多的云翳"，就是我们曾经的痛苦、迷茫、失败，或者快乐、幸福、成功。周国平曾说过："世界上有一样东西，比别的任何东西都更忠诚于你，那便是你的经历。"那不一定是成果辉煌的你，也不一定是一败涂地的你，但一定是一个走过别人没走过的路，到过别人没到过的地方的你。

这就是我们需要的"足够多的云翳"，能造就属于自己的黄昏的云翳。如此，累一会儿，飞一下，停一会儿都无妨。重要的是走自己的路，创造不一样的人生。

让别人需要我

戴佳悦

钱作为一种商品交换的工具，在我们的日常生活中起到举足轻重的作用。但钱是要去挣的，没人会送钱上门。大家似乎都这么认为。可是前几天我听企业培训师连云尧先生说："不要指望别人帮助你，要指望别人需要你。"

对于商家来说，他们所要做的就是让顾客送钱上门。令他们掏钱又心满意足地离开，再心甘情愿地一次次回来，这样才能生意兴隆。

如何做到这一点？如何让别人需要我？

我曾遇到过这样一家火锅店。由于生意火爆，位置满了，所以我得排一会儿队。酱料的香味和着刚出锅的新鲜肉味不断刺激着我的嗅觉。一位服务员招呼我们坐在等候区的凳子上，同时端来几杯水和若干坚果。还像安慰小宝宝一样，温柔地说："等一会儿就好。"果然，我们唠嗑了几句，杯中水才喝到一半，就被另一位服务员带到用餐区。点菜时，桌上陆陆续续地出现了几杯温水、一碟哈密瓜、几个密封塑料小袋，我的手旁还多了一根小皮筋。身旁的服务员解释道，小袋用来装手机，防水防油。至于皮筋——大概是我散着头发不方便吃火锅，我的确该扎头发了。

火锅吃得很愉快，满足了我的食欲，我下次还会来，就算排队也要吃。于是，我渐渐地理解了人们常说的"牌子"。"牌子"就是信誉呀，就像某位企业家说的："诚信是实实在在的言出必行，点点滴滴的细节。"一家店的"牌子"立好了，有信誉了，"回头客"也就多了，人们也就会开开心心地送钱上门。

商人们关心顾客，不断地研究他们的喜好和需要，然后有效地服务，赚到钱。由是观之，关心他人就能赚到钱。可这似乎有悖于我们认知里的关心他人的品质。关心不是无私的吗？这种赚钱的、带着利益色彩的关心不是假的吗？

但是转念一想，我们总会从新闻上看到，不少商人想尽各种办法偷工减料，以牟取利益。这种坑蒙拐骗的现象时常发生，这些商人才叫作不关心顾客。做生意讲究的是互利，双方都要将自己的利益最大化，这并不自私。况且只有赚到了钱，才有财力支持接下来的商业活动，才能更好地满足更多人的需要。被很多的顾客需要，有很多的顾客自愿把钱送上门，是一家店的坚守与本领，是他们长期真诚地关心顾客、立好自家"牌子"所应得的。商业中这种平等交换是很符合自由、平等、诚信等社会主义核心价值观的，是值得鼓励的。

自由平等交换的本质是我需要你，你也需要我。大商人就是因为被很多人需要才成为大商人。有句话说，大商人造势。于是，我们又自然而然地想到网上购物。顺应大数据时代的潮流而创造的网上购物，需要大量客户推动，同时我们也需要这种模式生活。所以网上购物满足了亿万人足不出户购物的需要，它关心的是亿万人。这就是书本上所说的胸怀。关心他人从而赚到钱，也可以成为一种胸怀。

我们现在努力学习，就是为了获得一定的能力，将来能够让别人需要我们。我们学习科学技术，成为劳动者，不断创造出满足人们需求的产品。

总之，我们要关心别人，让别人需要我们，从而更好地实现自己的价值。

用时间"造就"生命

汪雨萌

一无所有，这是我们担心的。大家最怕失去财富、地位。而我想，最难接受的应当是"时间在流逝"这句话。它很平常，是我们的口头禅。但细细想来，财富失去，可以挣回，权力本来就没什么稀罕的。而时间流逝，无法逆转，结果就是我们生命的结束。

两千年前，孔夫子就指着河流说："逝者如斯夫，不舍昼夜。"时间不像金钱，乖乖躺在口袋里等待主人。它从不为谁停下脚步，而问题在于时间的主人也好像并不在乎。

如果时间就是金钱的话，那么，婴儿的钱最多。人活着，就会拥有时间，经历事件。所有的事件都由时间组成，所有的物质都在时态之中，包括我们的生命。有人说，我们的哲学第一眼看到的是物质，第二眼看到的是精神，第三眼看到的是时间即事件，即物质在一定时空下的组合过程、联系过程、冲突或合作过程。就一个人来说，一位老太太，人们首先看到的，是她佝偻的身躯、松弛的皮肤；然后是她慈祥的面孔、淡然的气场。如果她是一位才女，会绽放出书生意气；而一转念，简单而真实地想，原来她也曾是少女。几十年，经历多少事件。走过时间，她的身体在成长、成熟、衰老，这是全部物质在她的身心中由时间组成了现在的她，她的身体、她的气质、她的精神。生命说到底就是这些组合过程。

物理学认为物质不灭，但物质的形态在不断改变。事件就是物质与时间的组合。人，也由物质与时间组合而成。在这个时间段中，我们看到生物这一物质与灵魂如此微妙地联系，不得不感叹大自然的神工造化。从这个角度再看自己，我好像明白了什么，又好像看透了世界。浪费就是让自己这个微妙的物质与时间胡乱组合。马克思说过："一切节约都是时间的节约。"我们每时每刻都在被时间推着走，每时每刻都在挥洒时间，我们所有人都一样。然后有人发现了时间的宝贵，于是他告诫自己的朋友、自己的孩子，要好好珍惜时间、驾驭时间，把时间花在有意义的事情上，成就自己，成为一个有用的人。也就是说，不辜负大自然给我们的，完成自己的使命。

英雄或者名人，就是把时间与物质用在刀口上，完成最佳组合，创造美好世界的人。最后，他们也创造了自己。飞机让我们在最短的时间内完成交通，支付宝、微信让我们突破时空对话、买卖、交流。腾讯、阿里巴巴，还有高铁科技的开创，为世界带来了美好，它们也实现了自己的价值。创造者没有辜负时间。"太阳落山了，人才感到阳光的可贵。"当人生处于老年、处于夕阳西下时，才明白时间的可贵。但时间不会因为你的浪费或珍惜而停下脚步。关键是当我们的生命处于总结阶段时，我们会说："我们完成了身体与灵魂、时间与物质等的最佳组合。"就像上文中的老太太，不看她占有了多少物质，要看她拥有多少精神，还有一生有多少有价值的故事。一生没有故事，从不追求，也没有成败，留下苍白，才是最大的浪费。

一位老人完成了最佳组合，好像时间过完了，而精神永恒。一位年轻人好像拥有很多时间，但如果没有精神、没有追求，其时间也苍白了。有一句话叫作：懒汉从来没有时间。行尸走肉的人生，就是时间虚掷。英雄给我们留下了一座座丰碑。当然，伟大的人物总是少数的，更多的还是我们这样的普通人。事实上，普通人也在影响着历史，也会融进历史的长河中，几亿、几十亿、几百亿分之一地影响历史。所有的追求都会在历史长河中留下哪怕是一粒沙子般的痕迹。人类历史的星空，有数不完的群星闪耀，我们是其中的一颗，也是永恒的一颗。

时间与生命的关系，给我们的定位是：生命追求快乐，快乐就在于完成我们的最佳组合。如此，看透生命，既能知足常乐，又能懂得追求永恒的精神。在这百年人生中，用自己独特的故事、经历、组合，完成"我"这样独一无二的个体历程。

于美感中找回生活

赵涵欣

　　罗丹说，生活中不是缺少美，而是缺少发现美的眼睛。我认为，现在的我们应该"于美感中找回生活"。这是我最近写于案头的话。

　　美无处不在。但环顾四周，却不见生活。人们匆匆忙忙地完成自己的绩效，在职业高压下，没有什么人在意今夜的月色是否存在缺憾。而我们作为学生，似乎比大人更忙碌。在校园中，无时无刻不感受到应试的大手正一点点盘剥我们的"剩余价值"。我舍弃生活，为了"光明的未来"而生存。

　　每天醒来，读书、吃饭、上课、作业、入睡。第二天醒来，有时做了片刻的逗留，还要质疑自己是否浪费了大好的追梦时光，考量自己的志向有没有动摇。我有时困惑，很多踏入社会的成年人，即便看上去已经拥有了我们现在所期冀的"光明未来"，却仍然有无尽的烦恼。这到底是为什么？难道我们也将走上这样的路，也要沉浸于绩效，一点点迷失自我？然而，我们的困惑通常被家长教师们教导：等高考结束后再考虑。不要让这些无用的东西模糊了我们的目标。然后我们决心斩断一切，关门读书、苦心孤诣、追求升学。

生活的踪影呢？我试着找寻，这让我想起了我的童年生活。

小时候，我经常去堂姑的花店玩。记忆中，花店很香，颜色也很丰富。我虽叫不出多少花名，不懂什么色彩搭配，更不明白什么神秘的花语，但我觉得有意思。有的花天生娇嫩，惹人怜爱，不过几天便蔫了。我不敢伸手碰它，这让那时的我萌生了要拯救美的"正义感"。而堂姑是能够拯救美的"英雄"，在她手中，原本看起来奄奄一息的花骨朵能重新盛放，零散杂乱的花凑起来是大花束……现在想来，堂姑是很会装点生活的人。

上初中后，我读了一些书，也明白了一些道理。一个人的性格在童年定型。童年培育的美感，会装点将来的生活；童年享受的幸福感，将延续终生。现在看来，堂姑的花店是我自然美的启蒙，我将永远怀着感激之情回望这些熠熠生辉的时光碎片。也是在上初中后，我的学习节奏加快，作业讲义占据了我的时间，我不得不驱使自己像机器一样不断运转，去面对一门门学科、一个个数据。而周末，我回家，还是要去堂姑家看花。

堂姑和朋友一起办了一家广告公司，不再经营花店了。但她仍然在家里种花养花——花店不开了，花继续开。而我也渐渐有了自己的想法，想自己独立养花。我从堂姑那得来了一盆四季海棠，粉花与绿叶相映衬，有中国画里朦胧的美感。每当我从学校回来，在无尽的绩效中失陷，再清醒过来，就会看看含苞待放的花骨朵。我不得不在生活中忙碌，却也在生活中找点悠闲。我时常给花浇浇水，一点点修剪枝叶，看着花一轮一轮地开，我和它一起生活。海棠时时都有花开，夜里，海棠在月光下，于静默中，散出缕缕幽香。苏轼"东风袅袅泛崇光，香雾空蒙月转廊"的诗句穿越时空轻轻地唱着，周围的人们逐渐进入梦乡，大片大片的云朵匆匆飘走。只有在这样的时候，我才真正觉得自己是生活着的。

小时候幻想着拯救美的我必定不会料到，有一天我将用美作解药拯救生活、拯救自己，于美感中找回生活。

后来，我高中住校了，无暇再关照海棠花，但是海棠花继续开。我将它送给了先前一直想要养花的表妹，花在她家开得很好。如今，去表妹家里时总觉得有些香味。我猜想她也在忙碌的初中生活中找到了生存与生活的平衡点，也能够在美好的碎片中找回自己的生活。而我，可能正一点点变成头顶只有绩效没有天空的"大人"。

但每当我早起，看着太阳一点点从东方破晓，心中仍有一亩想种花的田。我有这想法，也不算太糟糕吧。

其实生活不是缺少美，但为什么缺少发现美的眼睛？是谁蒙上了你的双眼？

教育家杜威说："教育即生活，学校即社会。"我们本身就处在生活中，作为青少年，有权利追求幸福、快乐。如果我们善于找寻美、创造美，于美感中发现生活，细细感受生活之美，就会重拾对生活的热爱。为此，我们要学会享受学习、生活。我想成年人也一样，也要用美感来拯救生活，享受美好的工作和生活。

无处不在的是美，美好的事物光怪陆离。自然之美或雄伟壮丽，或精美奇异，让人释然；艺术之美矛盾而冲突，发人深思，使人不断求索；劳动之美平凡却伟大，创造价值，一点点推动社会前进……无尽的美洒落在各个角落，不易让人察觉。正因如此，我们才更应该发现美、创造美，用美来拯救生活。

于美感中找回生活，享受学习、享受工作，才能让自己走得远、飞得高。

长大与哭泣

朱玲依

我曾读过这样一句话，感触很深："长大，就是把哭声调成静音的过程。"

静音是一个比喻，是不发出哭声。一个人不断成长，其哭声也在变化。婴儿出生伴随着哭声，这种哭只表达直接的欲望：我饿了，我要吃奶，我不舒服，我要抱抱。很纯洁，不掺任何杂念，仿佛带着人类最原始的思想感情。

到了孩童时期，心智思维刚刚启蒙，只会咿呀学语。他们依旧饿了就哭，委屈了就哭，受伤了就哭，这也是他们对欲望需求的直接表达方式。有时候甚至嚎啕大哭，一股脑地宣泄自己的情绪，不在意他人的目光，反倒把大人弄得不知所措。即便大人被这哭声弄得再心烦意乱，也会因为他们是不懂事的孩子而一概不论，"小孩子嘛，哭一哭就过去了"。

直到他们逐渐成长为少年，被大人告知：不许哭，你已经不是孩子了。

同龄的孩子们也嘲笑经常哭的同学：哭鸠、眼泪鸠（方言：爱哭的人）。因此，我们都习惯于克制自己。饿了，自己找零食；委屈了，自己慢慢平息；老师批评了，即使难受，也逼自己反思自己的不足；受伤了，虽然依旧会哭，但也是一个人悄悄地躲在角落里，不愿将自己脆弱的一面暴露在外。这里的哭大部分换成了泣，是没有声音的哭，即调成了静音。听老师介绍过一部电影叫《莫斯科不相信眼泪》，电影我没看过，这题目就好像是通用的。哭泣再也得不到别人的同情与施舍，为了生存，必须自己行动。换句话说，必须成为强者，你别无选择。

成长的过程，就是逐渐失去任性哭泣的权利的过程。

哭没有停止，成长也在继续。越是成长，面对的世界就越大。成年人要拥有自己的能力，不断学习生存，还要有精神方面的追求，独立自强。他们渐渐明白，随意哭泣是没有尊严的。面对世界需要坚守、需要顽强、需要挑起担子。他们渐渐学会扎根、学会权衡利弊，在日益紧张的环境中苦苦寻求机会、在复杂的人际关系中盘旋周全、在平凡的生活中逐渐妥协。他们想要的，都会凭自己的智慧与双手去争取。

在白天，他们呈现的总是急急忙忙的身影；到夜里，歇下来，静下来，一种迷茫、困惑深深地围绕着他们。多少个无人知晓的寂静夜晚，侧身难眠，泪水从左眼流到右眼，打湿枕头。歌德曾说过："没有在长夜痛哭过的人，不足以谈人生。"

这是我们的将来，亦是我们不久以后要面对的、要经历的。其实我们青少年现在已经有这样的体会了。我们想那不确定的未来，想那未知人生路上的人和事。我们盼望自己快些长大，好像我们已经是成年人的形体了，但却没有成年人的经验与能力。我们为此自卑、追求，我们拒绝哭泣，为了成长。

其实，哭泣是有用的。医学上说哭泣能调节内分泌，发泄情绪。我们都有想哭的时候，成长道路上的磕磕绊绊，都会催人泪下。成年人也一样，尽情地哭几回，恰恰是成熟的模式。我们女同学会有几位闺蜜，就是留着将来任性哭泣用的。有人说："多想依靠在朋友（恋人）肩头，尽情地哭诉。"可见，成长不排斥哭泣，而是调成静音。鲁迅说："无情未必真豪杰。"成长不是眼泪的消失，而是珍惜自己的眼泪。

2008 年的那场大地震，成长的、未成长的，面对灾难都表达了强烈的同情心。都说男儿有泪不轻弹，应当坚强。而对弱势的同情、对苦难的援助，是每一个成长者必须有的心理底线。一个孩子饿了，会把两块面包全吃了。而成年人，则要分出来给另一些弱势者。换句话说，只有会哭泣的人、保持哭泣习惯的人，才是真正地成长了。否则，彻底利己、冷血、"硬心"，即使成为"英雄"，也是成长的反面。这样的成长、成熟，是我们不能期望的。

成长是终身的，就像终身学习一样。《老残游记》里说："生也哭，死也哭。"哭泣相伴人生，哭泣不要紧，哭但不成长才是问题。在我们终老之际，回首人生，数一数自己哭过几回，可能就是我们"成长过几回"。

妥协与精神强大——读史铁生的几句语录

江怡乐

经常被问，你的理想是什么？你将来要做什么？小时候声音嘹亮地答着要当大科学家，现在我却答不出来了。很多同学希望自己将来成为 IT 行业的领军人物：拥有高额薪资，搬弄着一大堆数据，让人云里雾里的，吸引着他人的目光。也有人希望成为大老板，呼风唤雨。我并不甚赞同，因为这是欲望的爆发。

我曾经将作家当成自己的理想，但父母却以工作不稳定否定了我的理想。后来我想成为考古学家，父母却以难以解决就业表示不赞同。而我是否能成为作家或是考古学家也未可知。我很疑惑，在现实面前，理想真的不堪一击吗？我现在的努力是否能与我的理想接通？

史铁生曾在他的文章《我 21 岁那年》中写道："在命运的混沌之点，人唯有乞灵于自己的精神。"我的迷茫一直存在，而我的精神呢？决定一个人的高度的精神呢？

有人说将来要冒险，做人要靠运气；有人说毕业即失业；有人说结婚就是爱情的坟墓；有人说有钱就拥有了一切；还有人引用哲学家的话说，"他人是我的地狱"。而我的父母、我的老师也说，"做人要灵活"，并扬言社会是复杂的，甚至用上"残酷"等词汇。或许他们私底下说，做人就是要及时行乐。

在没有答案的问题前，我们眼前不是简单的光明，而是一片迷茫。在迷茫中，我继续读史铁生，继续步武他的精神。

"要是今生遗憾太多，在背运的当儿，尤其在背运之后情绪渐渐平静了或麻木了，你独自待一会儿，抽支烟，不妨想想来世。这有什么不好吗？无非是说这不科学，行，况且对于走运与背运的事实，科学本来就无能为力。"

来生是怎样的？按照史作家的指示，我构筑着：一定是无限美好的，人人互相帮助，事事顺意，大家都笑颜常开。有时想来可笑，我一个今生还没开始的人却在思考来生。有时想想，这不是在逃避现实吗？我的精神呢？是为了慰藉吗？史作家又说："既然是梦想不妨就让它完美些吧。何必连梦想也那么拘谨、那么谦虚呢？我便如醉如痴并且极端自私自利地梦想下去。"这引起了我深深的共鸣。

来生的目标能实现吗？我想到了几千年来人们的目标理想。从桃花源开始，几千年来没实现，却也从未消失。我们的现实不断向文明方向发展，而我们总有无法摆脱的愚昧束缚。这就像我们每个个体，总禁不住贪欲诱惑，而美好就在前方。我们所向往的来生，就是人类的未来，人类也一直没有放弃过。而现世，总是往世遗憾与来世美好的妥协。"丑弱的人和圆满的神之间，是信者永远的路。"史作家说。或许，我的未来，也是美好愿望与现实无奈的妥协。

　　将来我不一定是作家，但我要用笔写作、抒写心灵，这是我生活的需要。我也未必是考古学家，但我会有收藏爱好，丰富生活。我不及时行乐，但我并不拒绝快乐，也认真做好自己的事。也许我将来没有实现少年时的理想，但这或许会以另一种形式渗入我的生活。

　　妥协是和谐，是智慧，妥协恰恰是精神强大的体现。史铁生与疾病妥协，因为对抗是徒劳的。对抗带来的是生命崩溃，而妥协却是坚守。妥协即退让，史铁生的退让让生命坚持下来。除了妥协，他还有别的路吗？

　　而有一点是我绝不妥协的——道德底线。我没有理想中拯救世界的伟大，但我有底线，不干坏事。我会偶尔失望、泄气，但我永远在这个世界里积极追求，决不放弃。这是我的底线。回想我曾经的迷茫，现在我无比坦然。史铁生曾说："也许上帝设计这歧途是为了做一个试验，就像我们放飞一群鸽子，看看最后哪只能飞回来。或者是对他的孩子们的一次考验：把他们放进龌龊中去，看看谁回来的时候还干净。"从这方面看来，妥协是坚守，而退让则是守住底线。

　　妥协并不是懦弱，无须担忧被冠上懦夫的名号。恰恰相反，妥协正是强大精神的一部分。

逆向思维出新意

江富军

在阅读内容铺天盖地的今天，没有新意的文章难以打动读者。如何获取新意？逆向思维是很好的途径。

什么是逆向思维

议论文以语言文字为载体，表达、展示自己的观点与思维过程。思维是认识主体对客观事物间接的、概括的反映。思维的过程可分为概念、判断、推理、排列、组合、比较、分析和综合。在这个过程中，出现各种方向，得出不同的结论。

依据思维的方向不同，可分为正向思维、横向思维、逆向思维、发散思维。前两者的主要功能是求同，后两者的主要功能则是求异。发散思维是使思维朝着可能的方向延伸的思维方式，逆向思维则是朝相反方向延伸得出结论的思维方式。

运用逆向思维，辩证思考，打破思维定势

对立统一是逆向思维的哲学基础，否定是逆向思维的基本形式，批判性思维也部分地以逆向思维为基础。"一切发展都可以看作一系列不同的发展阶段，它们以一个否定另一个的方式彼此联系着……任何领域的发展不可能不否定自己从前的存在形式。"（《马克思恩格斯选集》）逆向思维与发散思维都是能动的，经过否定寻找更高级的存在，属于创造性思维。反过来，思维定势是一种思维惰性，"先入为主"是其特征。"习惯的态度、评价、感觉以及对公认的观点和见解的深信不疑等都会影响知觉。"（《创造心理学》）只有那些独立思考的人，敢于和善于质疑的人，才能发现新角度、新道理。

细心观察生活中的逆向现象

逆向思维由来已久。杨万里在《诚斋诗话》中说："翻尽古人公案，最为妙法。"而刘禹锡的《秋词》，"自古逢秋悲寂寥，我言秋日胜春朝。晴空一鹤排云上，便引诗情到碧霄"，则一改悲情秋景，转向空阔辽远。近几十年来，同学们熟悉的翻案有：班门弄斧——由"卖弄炫耀"到"大胆进取，敢于表现自己"；由"良药苦口利于病"到"良药必苦口吗"；

由"甘做绿叶"到"争当红花又何妨"等。

观察我们的生活，最近也有不少这样的观点互逆现象。老人倒地，该不该扶呢？这是道德良知与后果之间的逆向选择。思维在碰撞中出新意，也出深意。

还有一种是角度逆向，即相反的思维方式。如针对"追星族要不得"，逆向出"造星族要不得"，观点是一致的，但角度有新意。如读了《曹刿论战》，大家都赞曹刿，我偏要赞鲁庄公。我没有否定曹刿，只是角度相逆。如大家熟悉的一句话，"世界那么大，我想去看看"，表达了走世界、行万里路的人生观。与此相反的观点是"世界那么大，你凭啥去看看"，告诫我们要先有资本，先练就一身本领再去看世界。这个观点没有否定看世界，而是从新的角度补充看世界的条件。

逆向思维与逆反心态

中学生处于逆反期，喜欢否定既有观点，但容易简单地接受逆向思维。如有位同学写高考撕书有理，一口气写了 1500 字。其理由是高考制度不合理，然后通篇大批。这已经偏题了。高考制度再不合理都不能找到撕书的理由。如果写成撕书心情可以理解，可以表达为心理需要下的"行为"。也可以一边接受高考制度，一边分析批判，开始研究人才选拔课题。良好的逆反是由一个美好目标鼓舞着，并形成的追求力量。可以读读《中国教育史研究》（陈学恂主编）、读读《反美学》（潘知常著）、读读《恶的美学历程：一种浪漫主义解放》（彼得·安德雷·阿尔特著，钟长盛译）等书，建立自己的教育学哲学"基地"。文章不求一时一地写好，不急于成篇，要持续阅读、思考、训练。下一盘大棋，写出一篇有分量的文章。

逆反少年如果从逆向思维这个角度继续深入，实事求是，否定之否定，不断矫正、求真，以阅读、观察、思考而"日新"，可能终成大器。

玩物也能养志

朱玲依

　　人不可无志，尤其是青少年。志，小点是人生目标，大点是远大理想。但人们又免不了贪玩，因此有了玩物丧志之说。然而，我要说玩物也能养志，这要处理得好。

　　首先是玩什么。

　　《活着》这本书的主人公徐福贵是一位地主少爷，常流连于城市的灯红酒绿与纸醉迷离之间，贪玩让他家产荡尽。他或许有个小志：壮大钱财和家室。贪玩使他丧志，让他走到穷途末路。同样，《一个女人一生中的二十四小时》中的男青年沉溺于赌博，女主角想拯救他，想让他充满信心地生活，结果他还是走回了赌场。生活中多少人玩牌嗜赌、声色犬马。他们因为没有志向而玩乐，也因为玩乐而树立不了志向。

　　我们正处于信息爆炸时代，青少年风华正茂，正是拔节成长之时。有人却只是玩味于游戏，沉浸在虚拟世界的快感里。但也有人学业优秀，业余爱好丰富。他们玩起了科学实验，读起了经典小说，研究起了社会百态。他们玩着玩着，玩成了自己的职业、事业，抑或是一辈子的理想追求。真可谓玩物成痴亦成其志。爱因斯坦曾说他的相对论灵感都来自他的小提琴，可以说玩小提琴这个业余爱好滋养了他的志向。他们都是生活中的多面手。

其次是怎么玩。

何谓玩物？即沉溺于某物而废正道。爱因斯坦没有成为著名音乐家，没有因为音乐爱好而忽略了科学研究。可见主次要分清，分寸要把握。我曾经调查过多名学霸，他们几乎都会打游戏，但他们都能调节自己。为什么？因为他们没有放纵。林语堂有言："痴迷于放纵人生，最后放弃人生，不如痴迷于生活，滋养自己的志向。"放纵就是不珍惜自己，就是在玩物中忘记了自己的追求，就是在引诱中迷失了自己。那些全面发展的同学，他们不仅有良好的文体爱好，更重要的是他们知道用爱好来滋养精神。爱好就是爱好，不能大于自己的专业追求。如此一玩，既对生活更热爱，也"滋养了自己的志向"。

但是，目前我们有一种倾向："用心学习，远离诱惑。"认为要把一切时间都花在应试上，这才叫有志向。玩体育的没有在操场上，玩音乐的被讲义挤占，玩书画的变成了考级。总是否定玩，生活很压抑。我认为，只要人有志，应当有玩，一张一弛乃文武之道。木心老先生曾说过："玩物丧志，其志小，志大者，玩物养志。"真正优秀的人，志大而自知，玩物以养志。

愿诸位皆有干将之志，取物之精魄，以成其身。

对狂热造星族说"不"

江怡乐

人们总说追星族要不得，其原因也显而易见：追星是滥情行为，追星族易受感性支配，做出一些自我感动或是无原则的行为。当今时代，我们青少年打开手机便能接触到各式的"星"，堵也堵不住。

明星层出不穷的背后，是疯狂的造星族。如今接踵而至的选秀节目造出的"满天星"，便足见其狂热。这是主要源头。我现在要对造星族说"不"。

高利润是狂热造星的原因之一。人气高的明星只需参加一次综艺节目，便可让观众疯狂，获得高额收入，造星族正是看中了这点。高价出场费，品牌代言广告效应，捧出热点、"热人"，都是生财之道。

不耗多少脑力的事物，文化消费层次自然不会太高。人们生活节奏加快，很难沉下心，造星族抓住了这些特质，进行流水线式操作。此外，审美偏差也是造星族大行其道的原因所在。

我们青少年三观未成熟，思辨能力较弱，是非判断力较低。"星"是感性事物，我们青少年易在感性诱惑下，崇拜外貌，造星族便利用这一心理为明星打造了一系列招人喜欢的"人设"。

盲目追星对努力奋斗的人不公，也会使我们青少年产生只要长得漂亮，不努力也可拥有好生活的错误想法，让我们意志消沉。诚然，趋美嫌丑的本性让人追求美好。我们青少年正值青春期，被外貌吸引也无可厚非。同时青少年处于敏感期，易对生活失望。失去信心的青少年，见到光鲜偶像，将其视为生活动力，陷入偶像崇拜的漩涡，走进造星族设置的模式中，狂热、沉溺，这也使造星族更加盛行无阻。

面对造星族，我们要说"不"，也正说"不"。

宣传科技明星是正道。科技明星解决实际问题，以实力为基础，不是"造"出来的。这类明星是真正对人类社会作出贡献的，他们的身上闪耀着理性的光芒。他们鼓舞人心、凝聚力量，给人们正确的引导。

同样，有实力的文化明星也值得我们去追。政府部门也为此投入了大量人力物力，如《诗词大会》《百家讲坛》等，弘扬传统文化，提高国民素质，传递正能量。

对造星族说"不"，关键在于培养我们青少年正确的世界观，让我们树立志向，尽早规划人生，找到自身价值，让生活充满理性光辉。但选择适合的对象，适度追求，也并非不可。在这个基础上，正确追星反而是很好的导向。

杀鸡得用牛刀

汪雨萌

人们常说："杀鸡焉用牛刀。"意思是办小事何必花费大力气。但是我说："杀鸡就得用牛刀。"办小事也要用大力。

所谓"小事"真的是小事吗？"在一个动力系统中，初始条件下微小的变化能带动整个系统长期的巨大的连锁反应"，这就是蝴蝶效应。所以，是小事还是大事，这并不是我们能够轻易判断的。我们应该做的就是对每件事都全力以赴，不要等到连锁事件发生后再追悔莫及。

人们总是喜欢把自己认为不重要的事当作小事，比如有些家长把孩子的品德教育当成小事。孩子顺公园里的几朵花是小事，但随意拿别人的东西就是大事了。孩子向同学动手动脚，父母说这是小事，小孩子嘛，何必这么认真？何必用上"牛刀"？没有严肃教育，时间长了，这把"牛刀"也无济于事了。

教育无小事，安全无小事，我们应当防微杜渐，细细思索，反复琢磨。因此，事情不在于大小，关键在于用好"牛刀"。

良药是否真的要苦口

陶心怡

俗话说："良药苦口利于病，忠言逆耳利于行。"但良药是否必须苦口？或者说，苦口的一定是良药？忠言是否必须逆耳？逆耳的一定是忠言？

治病的关键在对症下药。苦口的药不一定都利于病，在不适用的情况下，不能称为良药。如黄连，有清热燥湿、泻火解毒之功效。其味入口极苦，但性寒，脾胃虚寒者用此药即有害。良药也不一定都是苦涩的，譬如土茯苓，味甘、淡，性平。枸杞、人参等都是不苦的，同样也利于病。由此可见，不苦口的良药可以利于病。

有许多小孩子心智不成熟，不肯吃药。那么，就有了甜甜的糖衣包装，哄孩子吃。甜药同样治好了孩子的病。我们现在生产的许多药，用胶囊包装，有些是为了去除苦味，让病人容易接受。

忠言逆耳也一样，主要看这话是不是合适对方。在孩子非常危险的时候，我们必须阻止，用最逆耳的话让他们离开危险地带，停止危险举动。

除此之外，我们好像没有理由必须用逆耳的话教育他们，更多的是循循启发、娓娓道来。很多童话故事非常优美，把一个个道理在美的享受中让孩子接受。反过来，逆耳的话可能是嘲讽，是打击。伤人的话语，像一柄柄尖锐的刀刃。有些父母总是借着"我是为你好"的理由出口，"你是小孩子，你懂什么"。"忠言逆耳利于行"成了最好的借口。一手萝卜，一手大棒，也说明忠言需要用甜言来让人接受。丝毫不顾及孩子的意愿，很多教育就变成了父母简单粗鲁的语言暴力。

不仅是教育孩子，就是我们同学之间处理问题也一样。要表达自己的观点，就算是正确的，也要顾及对方的自尊。某同学作业没交，你可以婉转地问："是有题目不会吗？"有些同学脾气暴躁，你来个逆耳，说不定思想工作没开始就吵架了。我们能不能换个角度，找个方法，让对方能接受？《红楼梦》中的薛宝钗对林黛玉就是这样做工作的。林黛玉情急之下说出了"良辰美景奈何天"等《牡丹亭》《西厢记》中的句子，当时这些是禁书，薛宝钗没有当着贾母与众姐妹的面指出，而是第二天单独与黛玉提出。并且批评过后，给黛玉送燕窝。可见宝钗有相当的沟通技巧，加糖果让忠言减少"逆耳味"。

是的，当我们看到"严禁践踏草坪"时，我们就感到一种说不出的不舒服。而当我们看到"依依芳草，踏之何忍"时，我们在接受时就有亲切感。当我们看到车尾写着"严禁追尾"时，感觉这车主有些生硬。而当我们看到车后写着"别吻我，我怕羞（修）"时，就会感到对方有趣味、有文化。

"良药苦口利于病"这句俗语出自《孔子家语》，旨在教育人们要勇于接受批评。从接受者角度讲，应当不怕苦，就像打针鼓励孩子不怕痛。但从打针者角度讲，能让病人少痛苦，更有利于病人接受。积极的心态有利于治病，总不能说打得越痛的针越好。同样，在别人批评我们时，要审视自己，观察自己身上是否真的有对方指出的错误。有则改之，无则加勉。而自己在教育别人、与别人沟通时，不要用"忠言逆耳利于行"的理由强硬高压，这样的效果可能会适得其反。

由此可见，良药不一定要苦口，忠言也要注意委婉地表达。

人多不一定力量大

陈俊贤

"人多力量大"，这句话好像是很早以前就经常听长辈念叨的，它是流传于民间的谚语。平时大家也不假思索地直接引用，仿佛把它当作真理。那么人多，力量就一定大吗？当然不是，以下几方面就可以说明问题。

首先，从战争上来看。自古以来，战争看的就不仅仅是人数，还要看谋略，以及天时、地利、人和。著名的赤壁之战，周瑜、诸葛亮等用5万人战胜了曹操的20余万大军，为三国鼎立奠定了基础。淝水之战，谢玄用8万人大胜敌军97万人。这两次战役充分说明了人多不一定力量大，现代战争更是如此。信息战、高科技战是现代战争的主要形式，作战双方不进行面对面的交战就解决问题了。并且随着热武器和核武器威力的提升，战争的胜利与否已经不以正面战场为参照，也不以死亡人数来统计战果。相反，也许人数众多，危机时刻容易出现恐慌情绪，蔓延在人与人之间，影响战争氛围，从而导致失败。

其次，从决策上看。勒庞在《乌合之众》中说："群体的智力最终是愚蠢的叠加，而非智慧之和。如果说'全世界的人'组成了一个群体，这个群体的智商并不像我们想象的那样——'全世界的人'会比伏尔泰聪明；结果恰恰相反，是伏尔泰比'全世界的人'聪明。"这一段话有些夸张，但也可佐证人多不一定力量大，群体的力量之和可能还小于个人。之所以会产生这样的后果，是因为情绪可以在群体间快速地传播。当面对一些利益问题的时候，个体可能会放弃一些自己的利益而满足群体的利益。而且群体情绪容易产生一种狂热，最终导致群体做出平时每个个体都不会做出的决策。

我从一本法律书上看到，某个生产队的一头牛被偷走了。后来抓住了偷牛贼，大家非常愤慨。春耕在即，农田等着牛来耕，偷走牛是弥天大罪。社员们投票表决，一致同意"处决"他。在生产队准备行刑时，公社书记来了，阻止了这个野蛮行为，并且对群众进行了教育。可见人多不一定力量大，多数人也可能会做出一个错误的决策，帮倒忙。群众的决策容易受利益的影响，产生情绪，自以为正义地走向极端。反过来，公社书记是一个人，用一番道理教导了群众，理性的力量就显示出来了。

最后，从管理学上看。管理学有一个理论叫做苛希纳定律。这个理论告诉我们人多必闲，闲必生事；也告诉管理者并不是人多力量大，管理人员越多，工作效率未必就会越高。在军事上，这叫作"两个优秀的司令员比不上一个蹩脚的司令员"。实际上，苛希纳定律认为员工组合的工作效率和工作负荷程度成反比。"一个和尚挑水喝，两个和尚抬水喝，三个和尚没水喝"的故事想必大家耳熟能详。一个和尚就能做到的事情如果让两个、三个和尚去做，效率就变低了，甚至目标变得遥不可及。所以说在管理学上，要把握好人员规模，切不可一味追求人数多。

　　人多力量大这句话简单地把人的力量加在一起，认为人越多，向前推的力就越大。然而实际上力是矢量叠加的，人受到多方面因素的影响，不会按照命令朝着同一个方向用力。当人们的施力方向相反时，自然就会造成混乱局面而一事无成。况且人越多，大家就都觉得不需要自己施力了。于是开始偷懒，体育中的拔河比赛就有这种情况。所以，再一次说明人多不一定力量大。

正在长大

三

书生整本书
阅读

精神圣地的引领——读《一个人的朝圣》

林于入

英国作家蕾秋·乔伊斯的作品《一个人的朝圣》讲述了这样一个故事。哈罗德是一个忠实的职员，他从小没能拥有足够的爱，性格懦弱、焦虑。结婚后夫妻相爱，儿子优秀，他的生活终于迎来了一束光亮。新职员奎妮入职后与哈罗德结识，成为相互关心理解的好友。但幸福的生活很短暂，孩子患上抑郁症而自杀。奎妮也为哈罗德背了黑锅而离开公司。此后哈罗德与妻子开始了冷战，妻子莫琳一直用儿子还在房间的错觉安慰自己。退休后的哈罗德与莫琳就这样过着平静又冷漠的生活。突然有一天，他收到旧友奎妮的信，身患绝症的奎妮快要离开世界了，向他告别。这时，哈罗德在漫无目的的散步中痛苦着，决定徒步到奎妮那里，做最后的告别。小说把这一段路称为朝圣路。

朝圣本是一个宗教活动。朝拜圣像，前往自己信仰的圣地。圣地在远方，但它又诞生于朝圣者，是心灵最珍贵的地方。已经 65 岁的哈罗德，他的怯懦导致了错误与遗憾，他的圣地是曾经的身边人的理解、爱与关怀。好友奎妮当年理解他、关心他，为了帮助他甚至丢了自己的工作。哈罗德不想再次面对珍惜的人离去，不想再次在失去面前表现得无能为力。哈罗德准备跨越英国，走路去看望奎妮。他告诉奎妮一定要活下来，他已经在来的路上了。他相信只要他一直走，奎妮就会一直活着等下去。一个老头走路去看奄奄一息的好友，路程漫漫无际，这在我们看来简直荒谬。

或许朝圣路在常人看来总有些荒谬，但哈罗德做到了，他确实一步一步走出了"奇迹"。哈罗德从小被忽视，父母都对他不管不顾。得不到关心与理解，他畏缩在自己的角落里，没有理想，没有幸福。直到自己工作、结婚、生子。在啤酒厂工作时，他得到了奎妮的理解与帮助；在家庭中，他与莫琳很投合，他也很爱他的儿子，但他总是不会表达自己。在他还没能学会表达作为父亲的爱时，儿子自杀离世给两人重重一击。此后，沉默的夫妻俩冷漠又默契地生活。奎妮的来信，让他找到了救赎的路。用朝圣驱赶冷漠下的怯懦，对所有人做一次坚定的感谢。

在哈罗德一个人的朝圣路上，因为媒体对这个执拗老人的报道，很多不同目的的人们陆陆续续加入了哈罗德的朝圣。他们各揣想法，他们代表着朝圣路上的另一个角色——大众。有的怀揣理想与老哈罗德共同前进；有的纯粹为了陪伴这个老头实现他的理想；有的漫无目的、无所适从，只是为生活找一个泄洪口。但这些人最后都一一散去了，留下哈罗德独自一人。他们很快对朝圣疲倦了。没有痛苦积累的他们，经不起无边的等待与迷茫，这是很多人放弃追逐圣地的原因。但这些却是朝圣的必需品——生命旅途中的痛苦与朝圣路上的艰难。

大众避不开庸俗，群体效应总会让神圣变味。群体熏陶下的认知，常常附庸于圣路。这样的庸态很常见，其负面效应却不大，影响不了坚定者的脚步。

奎妮身边人们的庸态则是另一种典型。

奎妮在啤酒厂工作，勤劳能干、兢兢业业，但不讨喜的形体容貌让她陷入周围的嘲笑声中。不论员工还是老板，都以打趣她、为难她为乐，人们装出面面相觑的样子看热闹，在孤立、嘲笑的队列中快活着。这是一种世俗的庸态，不论事物本质的好与坏，大众是人云亦云的推动者。他们将因果反覆颠倒，人多的一方抑或有势力的一方更能决定局势。趋炎附势的庸态在受害者眼中，也总是更加清晰。有类似痛苦经历的人们才更能理解他人，奎妮也是在这样的环境下理解哈罗德。哈罗德没能在这时战胜怯懦，也才有了他朝圣理由的又一积淀。

后来随之朝圣的也是这批人，这些大众。他们有时嘲笑圣地，有时追逐圣地，或宣称自己曾经拥有圣地。他们不认为圣地应该神圣地追随下去，这也就侧面反映了不同人不同的精神层面。随波逐流的庸众态度与冲动追随、打退堂鼓的人一样，数不胜数。伪圣地、伪朝圣最多只能证明人们需要圣地。普遍的不坚定让大众无法触碰自己内心，见到艰难的影子就质疑圣地。只有精神强大者才能清晰地踏上自己的旅程，走到终点。

嘲笑理想、嘲笑爱情、嘲笑高尚，俗人将圣地现实化、世俗化。朝圣者、救赎者则先是自省者。

王阳明说过："人人皆可为圣人，良知良能人人皆有。"因此，人人都有朝圣的出发点。但没有感受生命的痛苦，起跑线就成了终点站。痛苦是各种各样的，只有坚守者，才能得到精神高地的引领。周国平说过："世界上有多少个朝圣者，就有多少条朝圣路。每一条朝圣路都是朝圣者自己走出来的，不必相同，也不可能相同。"我们都是朝圣者，我们都正在走向圣地，走向远方。

茧翼——推荐毛姆小说《月亮与六便士》

王佳怡

"让世界是世界，我甘心是我的茧。"（简媜）人类作为群体性动物，在拥挤地生活。作为个体的人，以存在的责任和使命来达成社会意义上完整的自我，塑造出无数的模板。伊卡洛斯用蜡和羽毛做成翅膀飞离迷宫，却被太阳光熔了蜡，坠海而亡。伊卡洛斯"念念不忘自己再也逃不出迷宫了，殊不知迷宫就在他自身"（纪德），人被贪欲和杂念消费，自得于茧，不觉荒唐。

在毛姆的小说《月亮与六便士》一书中，主角斯特里克兰以一个冷酷无情、抛妻弃子的形象出现，不断打破群众定义的道德边界。他的第一任妻子善于结交文人、操持家业，但触碰了丈夫人际安全距离的底线。他脱离了与她貌合神离的婚姻，如预期中计划的一样，从经济的沼泽里抽身，由一个证券经纪人摇身一变，心无旁骛地开始艺术创作。施特略夫给他物质支撑，唯有施特略夫这个"深知美为何物，但创作平庸；见解独特敏锐，但举止粗俗笨拙"的人，在斯特里克兰作品市场萧条时赏识他。然而施特略夫的妻子勃朗什却无可救药地爱上了这个冰冷可怕的男人，又在明白她近乎狂热的爱只是斯特里克兰面前一文不值的赝品时，选择为无疾而终的爱情赴死，施特略夫为此整日悲恸最终病死。对此，斯特里克兰这个情感白痴依然无动于衷，继而离开了这片于他毫无意义的土地。最终，他来到了塔希提岛，和当地一个平凡的女子结婚，终日作画。在他患上麻风病的时候，她平静地陪伴在他的身旁，并受托烧毁了斯特里克兰最后的壁画巨作。他悄无声息地离开，就像当时不动声色地决定离开那片世故的土地一样。自始至终，艺术才是他唯一的故乡、极乐的世界。

斯特里克兰不是神，却以人的身份达到了一种理性的存在。在外界复杂的情感纷扰中不为所动，以获取行动上的自由以及艺术思想上的飞腾。而他节欲，为的是对艺术的执着追求，这促使他破茧。此时，希望和自由成为他的自我，达成他的最高意志。反过来看，书中出现过的 3 个女性角色，她们虽然性格各异，但相同的是，她们都从根本上否认了自己的独立存在。受情欲捆绑放弃了为自己存在的权利，将自己的意愿寄托在其他的个体身上。或许他们其中的有些人在社会上取得了地位，但他们都是失败的个体。其中难能可贵的是，斯特里克兰面对这 3 个女性时并没有一味抗拒，这也是他绝对自由的最佳体现。斯特里克兰并不排斥他人以任何形式来表达他们的爱，他自始至终担心的都是爱的羁绊——与他作为个体的理想背道而驰的一切。爱或许会掺有杂念，但信仰不会。他面对情感是麻木的，因此这种狭义的爱情在他面前只是可有可无的存在。狭义的爱往往成为捆绑自由行动的最高手段，人们会批判以暴力施压的奴隶主，但少有人怪罪爱的羁绊。爱以其至高无上的名义剥夺个体独立存在的权利，让人永远无法完成个体的使命。

　　"在一个理性的动物身上，我看不出有任何美德是与公道相抵触的，但是我却看出有一种美德是与享乐相抵触的——那便是节欲。"（《沉思录》）斯特里克兰的节欲是无视人性的伪妄，群体动物喜欢把个体捆绑成群体的一部分，以违背社会定义的道德标准去批判指责出逃的"罪人"。追求自由必需的是克制，这就是人生的权衡，是理性战胜感性。斯特里克兰的"道德"底线就是他画画的理想，它寄生于群体之间肆意生长，结出一个独立个体的盛大果实。斯特里克兰是那耳喀索斯，是人的自我。艺术是看见自我的水面，是与内在沟通的源头和介质。他不断缩短肉体和灵魂所在的距离，艺术的孤岛是他离神明最近的地方。

　　当人开始意识到自由成为需求的时候，在一种漫溏的状态下选择盲目地歌颂这种崇高的神明，却从来没有人有决心去触碰它真实的边界。自由最终成为带有禅意的什物，就像斯特里克兰的壁画，受人祭祀。在一把大火里，壁画灰飞烟灭，在那时没有人会懂得这样不明来的价值，就像人只能够无限地趋近神，却不能成为神，神的自由永远横亘在人神之间。人不知迷宫在自身，一次次做无谓的搏斗和逃离。"所谓自由就是你的灵魂能够指挥你的肉体不被欲望捆绑。"（姜文）人类能做到用自律的意识来指挥肉体，但欲望的蒙蔽总是成为意识最大的恐吓。无欲不成人，人类难以摆脱这样难堪的悖论。

　　很多人面临社会的重压，做和压力对抗的强者。自由本身应当是没有压力的，如果你在独自奋斗的路上感到窘迫和艰难，就没有达成在个人和群众之间游刃有余的状态，不算做到完全的自由。叔本华在《人生的智慧》中写道："我们展示出来的表象——即我们在他人眼中的形象——往往被我们过于重视，这可能是由我们人性中的一个独特弱点导致的。"斯特里克兰就是一个不用同人类的劣根性搏斗，就超越自我的个体。他轻松地排除社会压力，忽视群众的眼光，以作为个体的目的隐藏在社会纷扰的潮流中，和中国庄子的超脱不谋而合。他们都相信绝对的自我，成为群众定义的怪诞。但从个体的角度来说，他们正在朝正确的方向发展。个体无意义地执着于在群众中得到称颂和地位，阻碍了通往自己个人信仰的道路。抵触是一种盲目的排斥，而自由是无关抵触的。自然而然地对外界影响因素进行判断和选择，才能在不扼杀自由的同时，增加信仰存活的几率。"人，只有在他的个性中才能得到拯救。然而现实社会会用各种方式剥夺人的个性，人性越来越被社会异化而失去本性，成为被泯灭了内在本质的社会与宗教的附属品。"（《喧哗与骚动》）

斯特里克兰的壁画是神在人间的巨作，它的焚毁也意味着我们叹息的没缘分。这样看上去，自由更像是神的权利，人依然无法在不可控的人生里泰然处之。斯特里克兰像是不小心被遗落在人间的神，以半个神的思想追求唯一的信仰，保持和人间的距离，无限趋近于自由的核心。人难以到达绝对自由，难以在追求自由的道路上保持自由。看似为了自由做出牺牲，但自由从来不需要牺牲。"一个忠于自己内心的人，从来不面对选择"（顾城），而忠于自由，不是越狱的瞬间，而是超脱的、忘记茧的存在的瞬息。

求索与孤独——读《百年孤独》有感

金芷伊

百年的魔咒萦绕在这片村庄，沉睡的民族不断醒来又睡去。世代记忆被放逐成一条线，巨大的孤独笼罩着这个村庄，也笼罩着这里的每个人。

《百年孤独》是一本以家族和民族兴衰史为脉络的小说，故事围绕马孔多村庄的生活和布恩迪亚家族的兴衰，讲述了七代人踽踽独行、自强不息的百年历程，诠释了求索与孤独的主题。

布恩迪亚家族最初住在远离海滨的一个印第安人的村庄。他们匍匐在文明的底端，却用崇高的信仰对抗衰败的现实，妄图建造一个理想的国度。但他们却消失了，而在这片土地上即将矗立起一座更高层次的文明大厦。

这是现代文明与古老文明的碰撞，探索与停滞的对立，安于现状与不甘落寞的抗争。而我们必然会向着更高层次的文明进步，那些古老的文明必须在探索中拥有新的意义才能焕发生机。习惯追随古老是古往今来的惰性，但发展是无法否认也不可能拒绝的。

马孔多这个村庄并不是一开始就存在的，是霍·阿·布恩迪亚为逃避因自己冲动打死的人的鬼魂，而找到这块不为人知的地方，建立了村庄。甚至连布恩迪亚自己都不知道这个地方在哪里。他们可能是周边高等文明上的一个霉斑核，因为实在封闭落后。他们对外界的了解，仅仅来源于那些闯入他们村庄的异族人。那些对外界来说已经落后的思想，在这里却无异于惊涛骇浪。他们为发现地球是圆的而沾沾自喜，连磁铁吸磁都天真地认为这是新奇的冶金术。也就是这种最落后的原始钻研精神，一种对新事物的渴求，别无选择地降临在马孔多的创始人布恩迪亚身上，开始了属于先知者的孤独。

可能他的妻子乌尔苏拉永远也无法理解，为什么丈夫在一夜之间变成了另外的模样，一心只专注于冶金术的研究和稀奇古怪的天文知识。他不再顾家，甚至忘了自己是一位父亲，为了那些可笑的研究，让一家人跟随他挨饿。可同时，布恩迪亚也埋怨为什么妻子不能理解自己的伟大愿望。他们在貌合神离的状态里孤独地度过一天又一天，他们无法理解对方，却孕育着他们的子嗣，撑起他们的家庭。布恩迪亚被一天一天膨胀的空虚和精神的寂寞侵扰，每天听妻子讲着些庸人自扰的问题，直到妻子乌尔苏拉把布恩迪亚困在那棵树下死去时都不知道丈夫想要什么。这种残忍的代价，让夫妻成为最熟悉的陌生人。相互折磨加重了布恩迪亚的孤独，一辈子孤独。形同陌路的夫妻，在传统道德捆绑下生活。

用夫妻代表两种不同观念的冲突，开拓与僵持的碰撞。布恩迪亚行走在探索的道路上，他想要这个村庄变得更好，所以他在接触新事物后萌生了搬迁的想法。可他的妻子想孤守这片土地，不与外界往来。所以当吉普赛人再来到这片村庄时，她想把他们赶出去。她拒绝接受新式文明，她称这些为蛊惑人心的手段。

　　马孔多村庄的生活还在继续，外族人的到来给这个落后的村庄带来了一抹亮色。咆哮的火车开进来了，一个个香蕉公司在村庄里拔地而起，红房子也失去了最初的颜色，这一切都使得村庄的物质生活水平渐渐提高，但好像并没有丰富人们的精神生活。他们仍旧是孤独的，对异族的警惕加强了这种孤独感。被毁灭的感受，不想被边缘化，这些情绪无不盘旋在每个马孔多人的心上。于是村庄成了利益的工具，开始快速工业化，反过来吸引了周边的族群……利益的纠葛引起了无止境的战争，点燃了细数不尽的屠戮与伤亡。以马孔多的屈服、妥协为结果，在屈辱中战争得到了结束，家族重回了孤独，村庄又陷入了自闭。而工业化和战争的侵扰，使马孔多失去了最初的模样，布恩迪亚家族也因战争元气大伤，美梦被粉碎，现实的骨感炽人，这也正是他们衰败的开始。百年孤独是宿命还是循环？一个落后文明被先进文明冲击的结果，预言家们搬出合久必分、分久必合的定理。然而合也避免不了孤独感，即使被殖民者后来独立了，他们会不会更孤独？我们无可否认我们一直都在进步，从刀耕火种到铁犁牛耕，由冷兵器时代过渡到热兵器时代。那些过去被抛弃的，再也不会出现在新时代的舞台上。那个吉普赛人梅尔加德斯很早就预见了这种未来，一个无法避免的未来。所以当他的乱码字迹被奥雷连诺上校翻译出来的时候，马孔多已经快要走到尽头了。《红楼梦》的结局也是在开头就已经点出了的，那个破落道士从山上下来时哼着的歌，在石破天惊里早已告知了一个百年家族的命运。难道这仅仅只是加快经济发展速度就可以避免的孤独吗？这不就是文明所带来的新的难题吗？这是属于整个时代的孤独，是我们拼命避免却无法回避的结局。

　　听，孤独的风声再次在那片原野上吹响，风里不知夹杂着多少难捱的呜咽……明天这里将会再建立起一座村庄，这次再也没有人痴心沉迷所谓的冶金术了……

163

残忍与美丽并存的故事——推荐《追风筝的人》

朱玲依

　　《追风筝的人》是一部描写阿富汗人生活的小说。小说以阿米尔为线索人物，叙述他与玩伴一起长大，后失散，他们的家庭因战争而衰落的故事。阿米尔家是普什图族，仆人哈桑家是哈扎拉族。他们处于不同的等级，却又能和谐地生活。但是战争摧毁了他们的生活，阿米尔一家飘零到美国，哈桑死于战争。故事是残忍的，而他们的友谊最终是美丽的。

友情篇

　　阿米尔是少爷，哈桑是他的仆人，两人情同手足。他们喝着同样的奶水，在喀尔布的草地上奔跑，念诵故事与经文，摘野果，追逐风筝……哈桑总是知道阿米尔想要的是什么。那句"为你，千千万万遍"震撼人心，我们都为哈桑忠诚善良的品质而感动。哈桑的忠诚是建立在感恩基础上的，因为他是低等的哈扎拉人。阿米尔的父亲对他们很友好，没有贱视他们，还给哈桑生日礼物。他们由施恩与报恩组成牢固的情谊，但毕竟没有彻底的平等，在大场面上，还是要按照规矩来。他们的关系曾受到崇拜希特勒种族主义的阿塞夫的戏弄："是朋友为什么不带你上场？"

这没影响他们的关系。阿米尔没有成为父亲要求的勇敢的人，面对阿塞夫等人的欺负，弱小的哈桑总是冲在前面，保护懦弱的阿米尔。一次又一次的保护，渐渐成为阿米尔内心认同哈桑的理由，却也因此更加看不起自己的懦弱。终于在一次追风筝比赛中，哈桑为他夺得了第一名，使他获得了父亲的认可。而哈桑却为了保护风筝遭到了阿塞夫等人的暴力，阿米尔亲眼看见了也不敢上前救助。这成为他日后的心理障碍。这个弱小的阿米尔，永远无法长大，不能成为男子汉。

但这也不妨碍哈桑的忠诚，他们的友情还是牢固的。但阿米尔内心容不下了，他想让哈桑受到惩罚来平衡自己的内心。痛苦的阿米尔在1976年那个冬天，使出一种卑劣的手段——伪造哈桑偷窃爸爸送给自己的手表。被爸爸发现后，善良的哈桑还是坚持他自己真偷了，保护主人阿米尔。而哈桑最终把遭遇暴力的事说与父亲阿里时，他们决定离开这个家，为了主人的清白。这使肇事者阿米尔更明确地看到自己丑恶的背叛。他们的友情像断线风筝一样，飘走了。

国家篇

阿米尔的父亲是爱国家的，他办恤孤院，做公益事业，他和伙计拉辛汗一起，尽心尽力。他们热爱故乡，也获得了故乡百姓的尊重。阿米尔作为出身上层的少爷，从小便被父亲寄予厚望。要求他刚强有力，拥有无畏的男子气概，长大后能保护国家与民众。而他却一味地懦弱和逃避。

救赎篇

阿米尔的自责在他知道哈桑是同父异母的兄弟时，更无法忍受。在他知道哈桑死后，其儿子还活着，正要被人拐卖时，内心充满了矛盾。阿米尔最后去救侄子，是出奇的勇敢。勇敢来自长期的负罪感。从阿塞夫手中救侄子时，营救场面展示了塔利班的残暴、种族歧视的残酷。顶着这些血腥时，阿米尔没有了恐惧，赎罪感让他在被阿塞夫揍时仿佛有了快感。他终于完成了自己的心路转折，代价是左眼旁边的骨头被打坏了。儿时亲眼目睹哈桑被施暴却无所作为，长久被惭愧与自责缠绕。如果说阿塞夫是人性中的劣性终究战胜了善良，那么，阿米尔是人性中的善良终于战胜了懦弱。

全书在追逐风筝中展开，阿米尔的心路历程就是追逐风筝的过程，内心最后向着光明行进。在义无反顾地救出哈桑的儿子索拉博时，他得到了自我的升华。尽管这本来也不算真正意义上的罪，也许是那根血浓于水的亲情纽带，而更多的是良知"逼"着他走向自我救赎，最后获取社会的认同、自己内心的认同。

残忍的是争斗、战争，美丽的是恤孤院，是人性的美好。残忍的是疾病与痛苦，美丽的是阿米尔内心终于走向美好，终于追到心中的风筝。

终点站——读《病隙碎笔》有感

林健峰

合上这本"最具灵性光辉的生命笔记",抬头,看到身边的同学或奋笔疾书,或冥思苦想——都在刷题。高三的日子一日少于一日,在最初的豪情壮志被苦闷的生活磨去棱角后,有些丧气话已渐渐听得到了:"这日子什么时候才是个头啊!"

一声哀叹,揉一揉酸痛的手腕,低下头,又淹没在题海中了。

我合上摘记本,瞥见《病隙碎笔》中的一句话:"无聊的人总是为皈依标出一处终点,期求着一劳永逸的福果。"

再过 5 个月,我们高中的终点站就要到了,12 年的中小学生涯就要结束。我们在冲刺,千方百计地挤进一所好大学。描绘着未来蓝图,期待将来坐享幸福,以此减轻眼前刷题的痛苦。以前吓唬我们"读不好书就没饭吃",现在已经是老古董了。我们不信,就像现在不太信考上好大学就一定有好日子一样。我们又不承认迷茫,狂热地刷题,追求我们的"智慧"

与分数。

周国平先生在评论《病隙碎笔》时写道："智慧又不会仅止于智慧，它必不可免地要走向信仰。"我们从小被教导有理想、有信念地追求知识和"智慧"，我们走了12年"精神之路"。如今接近终点，有必要思考一番，询问自己的信仰。

没有昼夜的日子，还有5个月。把自己的一切交给分数，老师说这一年感情、精神、思想全部靠边站。父母生病更要让我们用分数来安慰他们，要化为动力在高考的路上加油。这一切都准备用高考后的狂欢来偿还。

何止5个月，5年、10年，整整12年，我们都是靠这虚构出的未来让自己麻木着走过来。

史先生的警告很严厉："倘其预设下丝毫福乐，信心容易蜕变为谋略，终难免与行贿同流。甚至光荣，也可能腐蚀信心。"

或许我们因"福乐"而找不到信仰。"过上好日子"与"追求智慧"都拿终点站来让我们饮鸩止渴，拾起重重的"敲门砖"。扔不远了，回过头才发现自己在物欲里转了个大圈，杜撰出一个"一劳永逸"的终点站，贴上精神与信仰的标签。

王小波说："人的一切痛苦，本质上都是对自己无能的愤怒。"这种愤怒一定是在物质上的。史铁生认为，神是超越了物质限制的，"以其无限"而成为人们"眺望的终极之点"。人之所以为人，就在于局限。人力不论多大，贪念都可以成长到这个人的能力范围之外，迟早有苦求而不得的一天。"那些只是随着肉身的欲望而活的，你会说他没有灵魂。"

神，不是物质上的福乐施舍，而是以其无限广博的精神供我们进行"思想的朝圣"，收获内心充实的幸福。"物质性的天堂注定难为，而精神的天堂恰在走向中成立。"就好像皈依者在一声声诵经声中，一点点进入深妙的佛法，一次次荡涤自己的心灵。对自身的反省和追问，正是极乐的源头。"向善向美的路是一条永远也走不完的路"，所以，"皈依并不是一个处所，皈依是在路上""皈依是一种心情，是一种行走的姿态"。

物质的路与精神的路都是无尽的，没有终点站。而物质之路因外在有限而带来痛苦，精神之路求诸内心而带来幸福。

敬畏生命、虔诚待物，这是史先生在病隙给我们发出的精神召唤。

12年了，就要到终点了。精神，该出发了。

阅读哲学，体悟人生——推荐《哲学与人生》

陈俊贤

我们中学生阅读，多是读文学作品，而较少涉及哲学。他们认为哲学是枯燥无趣的，或者是神秘不可知的，主要是他们认为哲学没用。然而并不是这样的，中学时代是接触哲学的最好时期。哲学并不是神秘的、压抑的，相反，哲学是令人心旷神怡的。哲学表面无用，却是"无用之大用"。

那么，我们为什么要阅读呢？人的一生短暂，我们只能有限地体会若干个行业，亲历若干境遇。但是，我们可以从书中、电影中去感受类似的故事，从而丰富我们的人生。从这个角度上说，文学阅读无限地扩展了我们的生活空间，作用很大。然而，当我们的疑问进一步，当我们在生活中碰到很多困难，文学的力度往往不够。在文学止步的地方，哲学登场了，哲学的"大用"开始了。哲学仿佛是"高层次"的阅读。我虽然不是很懂哲学，但还是希望能把大家引入哲学之中，从哲学中体悟人生。

《哲学与人生》这本傅佩荣教授的书是我要向大家推荐的。

我曾做过一个小调查，同学们看到"哲学"两个字，就觉得很深奥，这是为什么？他们一开始就接触《易经》《小逻辑》这样的殿堂级图书，自然会觉得枯燥乏味。问别人，看懂的人不说破，看不懂的人没办法说。就有了压抑感，就给了自己一个心理暗示：我不适合哲学。因此，我才极力推荐《哲学与人生》。它是一本入门级书目，适合我们刚刚接触哲学的同学阅读。这本书从西方重要观念的传承讲到对中国儒家与道家的见解，以及用艺术、宗教、教育、文化等题材阐释哲学与人生的密切关系。书中穿插着许多例子让读者可以轻松理解，可谓深入浅出。比如，哲学家普罗泰戈拉教学生打官司，却无法打赢与该学生的官司；尼采提出的精神三变：骆驼、狮子、婴儿；克尔凯郭尔的人生三阶段：感性阶段、伦理阶段、宗教阶段；苏格拉底死前交代朋友帮他献鸡给医神；孔子没有提出"人之初，性本善"；荀子主张性恶论；等等。当宗教、文化、美育、神话等都与哲学发生联系时，我们对哲学的理解就有了桥梁。就好像一张蛛网，核心是蜘蛛，全部知识都围绕在一起成为一个知识体系。这本书仿佛让我们站到了整体的位置上，又没有离开具体的生活。

在做调查的时候有一位女同学问我："你知道为什么每个星期第一天上学就那么累吗？"我笑着回答道："因为石头又回到山脚了啊。"我与她讨论："西西弗斯的故事就能说明问题。"宙斯惩罚他推石头上山，每当石头到达山顶时又会再滚落下来，如此日复一日，永无止境。上学第一天就像重新从山脚推石头一样，直到放学那一天我们将石头推到山顶后才能休息一下，走下山去。女同学说："那我们是多么悲惨啊。"我回答道："我们大可换一个角度思考，我们每天都有一个奋斗的目标，就像西西弗斯将石头推上山顶的目标一样。这个奋斗的目标使人充实，因此我们和西西弗斯都是快乐的。"这一点在《哲学与人生》第七章中有写，人生亦是如此。如果你有一个人生目标，那么在你实现这个人生目标、为了这个人生目标奋斗的时候，你就是快乐的。将辩证的哲学与具体的人生结合，哲学就有味了。

哲学具体化就是自己的生活了，是自己周围的人生，是自己读到的人生。用哲学来指导人生，说明哲学是"万学之母"。"认识你自己吧！"苏格拉底说。"我是谁，我从哪里来，我到哪里去"，是源头的发问、终极的思考。比如说看到"希腊文之'爱'与'智'"时，我就在想：什么是爱呢？于是，我带着这个问题继续读《哲学与人生》，这不仅能激发我的阅读兴趣，让自己乐在其中，而且能更深刻地理解哲学，就像王阳明说的"知行合一"。这样的兴趣爱好能让自己走得远。我读到希腊文中的爱有3个说法，分别代表情爱、友爱与博爱。书中讲情爱代表一种出于本能的感性冲动及浪漫的情怀，它是人与生俱有的。而哲学的爱主要指友爱，是温和理性的。博爱是信仰中讲的无私的爱。又如读"楚王好细腰，宫中多饿死"时，我想到，人会受到社会环境的束缚，而作为组成社会环境的个体也同样在影响着社会环境。

当然这一本300多页的书我只是粗粗地读了一遍，加上自己能力有限，自然流于皮毛。这只是个起点，根据书中内容还可以进一步阅读其他与人生有关的哲学书籍，比如傅佩荣教授的《易经与人生》和《心灵的旅程》等。匆匆地向同学们推荐，算是我发出诚挚的邀请。远望哲学的高山，苏格拉底、柏拉图、康德、黑格尔、马克思、萨特，我们将来会一起步入哲学的书山，登高骋怀，沐浴理性的光辉。

山前既相见，山后又重逢——荐读七堇年《平生欢》

金芷伊

此去经年，自有平生相见、平生欢。

望着眼前的千山万水，内心云海翻涌。沉默间终静止成画，无法被涂改地置于眼前，就像与往事间被锁上的心门。

《平生欢》描述的故事发生在一个靠江的小城镇雾江，邵然、李平义、陈臣、邱天、白杨、弹黄都生长在此。这里有一家大型国营工厂，父母一辈人都工作在这个大厂里。邵然他们上同一个子弟学校，住着厂里分配的房子，邻里相近，哪家有事马上就知道。后来城镇渐渐发达了，工厂却在镇里开始败落了，一幢幢厂房都被拆。子弟学校的同学们也高中毕业了，各奔东西。

中学6年，他们一起生活。陈臣与李平义学业优异，他们父母都是子弟学校的老师，却因评先进产生了矛盾。后来陈臣父亲自杀，陈臣也因考试失误，上了普通的大学。李平义上了重点大学，读金融专业。弹黄同学虽不景气，但他讲义气。他与陈臣同恋着白杨。白杨对陈臣主动示好，而陈臣要与远嫁的母亲一起生活，于是他们分开了。陈臣大学毕业后做着泊车等普通的工作，又被推荐当小明星。他在生活的普通与愿望的美好间，放弃了婚姻。白杨先与一家洗发店老板结婚后又离婚，再与弹黄结婚。

邱天小时候因车祸断腿，上学期间她最困难。邵然默默帮助邱天，邱天深受感动，自卑中暗恋着邵然。更因自卑与残疾，将时间投入学习中。勤奋的邱天考上医科大学，立志成为优秀的医生，并出国深造。李平义在金融界做了几年后，发现邱天是他的精神天地，就转向医疗行业。开始追随邱天，最后和邱天结婚。

故事以邵然为叙事线索。邵然上大学后结识了游冬，在游冬的介绍下认识了柔山，谈了一场恋爱后分手。游冬本是富家子弟，父母被举报后，他一直在寻找举报人。结果找到邵然同学弹黄，是他举报的。他寻机报仇，准备在弹黄与白杨的婚礼上下手。结果在门口听到了婚礼司仪的祝福声后，想到自己因游离而独自伤感，放弃复仇，洒脱离开。

邵然在外漂泊几年，遭遇了在外工作的辛酸，放不下在家里守候的父母，就回到家乡。通过考试，邵然成了小城里一名普通的公务员，过起了朝九晚五的生活。小说以此作为终点，表示青春告一段落，同学们走向"成熟"。

小说以漂泊中成长为主题。陈臣告别雾江，离开初恋，去县城随改嫁的母亲生活。寄人篱下，陈臣最终决定独自前往北方，至今仍在漂泊。白杨的青春充满了遗憾，在她最美好的年纪碰见了属于她的刻骨铭心，结局是陈臣的背弃与告别。辗转几年，再重逢，终没能破镜重圆。兜兜转转，嫁给了年少暗恋她的弹黄。她最终没能嫁给当初的爱情，现在她成长了，会不会继续漂泊？游冬曾离开祖国去到异国，慰藉因家庭变故而支离破碎的心。也从仇恨中解脱出来，结束了心灵漂泊，重逢了另一个长大的自己。邱天最终找到了姐姐，找到了依靠，也嫁给了李平义……

他们这群中学生相互搀扶着走过情窦初开的年纪，然后各奔东西，投入五湖四海。各自独立打拼，不闻不问多年，相互间杳无音信。却在某一天里，见到了许多多年未见的故人，重逢、相遇、各自叙述自己的生活。再见是平生欢好，岁月无痕。

关于漂泊，他们还有好多故事：陈臣告别故乡、放弃初恋，去往北方；邵然告别初恋女友，回到故乡平静地生活。我们永远无法预知明天我们仆仆奔赴于哪个站点，辗转于哪个机场，流连在哪个码头。重要的是不知道能碰上哪些人。而我们的初恋却总是相似的，总是难以成功又难以忘怀。

每次告别，我们都履行任务一般地说再见。又开始漂泊，或回归故土；遇见儿时的旧友，年少初恋的重逢……我们仿佛在追求伟大的道路上行进着，演绎着小人物的悲欢离合，命运终不可避免地落在了我们身上。少年时对故土总有丝丝怨怼，总觉得少年人志在天下，不该拘泥于这一方天地。总想摆脱现状，世界那么大，都想去看看。心里怀揣着梦想，幻想未来历经些不同寻常，却不知人入中年后想居于寻常都是奢侈，这是漂泊的结束。我们一次次上演着重逢与离别，甚至成为自己所厌恶的样子，开始无可奈何却又安于现状。

邵然回到故土，沉湎在这片土地，即将和无数的年轻人一样，兢兢业业、循规蹈矩地过着没有大起伏的生活。或许在婉拒缺失双腿的邱天时，就注定他是一个热心暖男，不是一个铁骨柔肠者。他没有像弹黄那样成为土豪，也没有李平义对生命的深刻追求。他也曾有过盖世英雄的梦，这个梦往往忽悠了自己。或许他能从中平衡自己，装点门面。回归到父母喜欢的平平淡淡，结婚、生子……

　　白杨和陈臣的爱情故事应该是无数少年人对于青春恋爱的终极幻想，郎才女貌、才子佳人，简直是天作之合。在不被允许谈恋爱的年纪，纯洁、执拗地守护着爱情萌芽，一起度过甜蜜却胆战心惊的校园爱情岁月，但终究敌不过现实的无奈。假如陈臣同意，白杨会与陈臣走到一起吗？若干年后，当陈臣在街头重逢为其丈夫做羹汤的白杨时，也仅仅剩下一笑而过了。彼时，白杨惊慌失措地想要避免重逢，在百般掩饰之下也只好淡笑着上前说声"你好"。岁月在他们的脸上不同程度地留下了痕迹，昔日的校园男神和校园女神最终也无法避免世俗。他们貌似多情，好像等待爆发。然而白杨离异后，她选择的是弹黄这个土豪，衣食无忧、自由自在。这也许是漂泊后的现实选择，他们似乎都在嘲笑中学时代的爱情故事。一别两宽，各生欢喜。

　　李平义中学时品学兼优，与丘比特爱情之箭擦身而过，在校园里独善其身。怀抱理想，在金融业混得风生水起，却甘于全身而退。钟情于邱天的医学执着，直到发现她是自己的寄托，是生活的太阳，是灵魂的归宿。小说用一个残疾人来托举起完整的精神境界，好像在讽刺这帮同学现实化的选择。将理想主义走到底的李平义，找到了自己的精神引路人。那么，中学阶段初恋的意义在哪里？让读者享受小说中人物初恋的美好后，却换来价值的失落。这是不是暗喻理想要在爱情的前边，生活才不会迷失方向？李平义与邱天经过现实的磨炼，终于走入了事业与爱情比翼双飞的境地，仿佛这才是人生的最高境界。

　　山前既相见，山后又重逢。走出校门，走向社会，再见时回故乡，才发现我们演绎了"平生欢"。

《暗算》的神秘美

王俊鹏

《暗算》是第七届茅盾文学获奖者麦家的谍战小说。小说主要叙述了20世纪70年代国家情报机构701的情报战。机构需要特殊人才来破解敌方电码，接连招收两位特异禀赋的人才成功解密，为国家立下了大功，而两位奇才自己却命运不济。小说展示了他们出色的能力、偏执的性格和荒诞的命运，自始至终展现了神秘美。我们试作欣赏。

所谓神秘美，是一种能勾起人的好奇心、引发人探索欲望的美。我们并不陌生，尽管它在距离上仿佛与读者很远，在不为人知的领域"作祟"。换言之，它很朦胧，可以勾起人们无限的想象、猜度。基于神秘的未知性，人们会被激起强烈的好奇心，并不断探索下去。这在侦探小说、武打小说、谍战小说中很常见。而麦家的《暗算》又是红色小说，作者在传统革命故事的基础上增加了这种神秘美，让读者产生了持久的阅读快乐与探究欲望。

秘密情报机构701的破译工作，普通人根本没法接触。情报本来就神秘，还有潜伏、谍中谍、揣摩心机、敌手的对策等要素一点点累积起来，诱惑着我们不断去探索。而谍战中人具有的特异功能，无疑更能激起读者的好奇心。小说从开头便铺设了神秘的氛围，情报复杂化让人感觉扑朔迷离。但神秘的盛宴刚刚开始。

最先出场的是听电报的瞎子阿炳，也许是因为眼瞎了之后听力功能反而增强了，3 里以内的声音他几乎都能听见。更夸张的是，对于听到的东西还有着无比强的记忆力。书中是这么写的：“虽然什么也看不见，但他知晓的东西似乎比村里任何一个明眼的人都要多。庄稼地里蝗虫成灾他知道，半夜三更村子里进了小偷他也知道，谁家妇女养了野男人他知道，甚至谁家地基下沉他都知道。”简直是“顺风耳”！这些描述也不免让人惊叹：阿炳究竟有多神？尔后他进入组织，也开始让自己的天赋派上了大用场。电报机上“哒哒哒”的声音本就让人一头雾水，阿炳居然要求用 5 倍速、10 倍速、20 倍速播放，不可思议！结果仅仅花了两个星期便把困扰机构良久的问题解决了，而我们无法解释阿炳解开密码的科学缘由。这种情节让人在神秘中有阅读的快乐，国家命运的宏大叙事与个人特异能力之间神奇结合，让人感受到神秘的力量。我们的担忧就在于这种能力能不能进一步发挥，至少是得到保护，可他却自杀了。

机构为了保护这种特异功能，把一个叫小芳的女子安排到阿炳身边协助他工作。不久小芳爱上了阿炳，他们结婚了，但她发现阿炳没有生育能力。为了阿炳，她与一山东人生下儿子并称是阿炳的，但阿炳通过孩子的哭声就知道不是自己的，于是他“自杀洗耻”。小芳的深爱换来的是相反的结果。读到这，肯定有很多人会疑惑，为什么有如此强大特异功能的人又会有如此脆弱的心灵？找不到理由解释这神秘。为国立功，国家为他安排好生活，名正言顺。个人命运如此捉摸不透，让人惋惜。这让《暗算》

的神秘美蒙上了无奈色彩，让读者进入更深层次的思考。我们真不知道应该为国家失去这位人才感到惋惜，还是惋惜阿炳失去好生活、失去生命。

阿炳走后，机构需要补充人才，美女黄依依出场了。她更是让人感到熟悉又神秘。而读者在接触她的过程中，并不是被她的美貌吸引，而是被她的特异性吸引。读者在一点点认知、一步步明晰的过程中，产生了阅读的快乐。黄依依光鲜亮丽、野性十足，几乎完完全全与传统女性形象背着走。浪荡不羁、对爱大胆追求，这一系列的特点，既吸引读者，又让读者明白这是表面的，不由自主地想去探究深层的东西，欣赏其智慧所在。最初，701为了破解密码，四处寻找人才。黄依依压根不在名单内，但她不请自来。本来因焦急地寻找而产生的严肃氛围瞬间被这活泼好动的女人打破，她蛮不讲理地要走考核用的试卷，用让人震惊的速度完成。她对数字有着特殊的反应——能连续反应数字而不乱码。诱惑人的野性气息和特异能力组合，将神秘感再次升华。她展现在道德的对立面，对"爱"有着极大的向往，有常人无法相比的热情。这让读者猜度是野性的追求让她有了如此神奇的特异功能吧。黄依依最先爱上寻找人才的安在天，因此进入701；之后爱上王主任，为了王主任她几乎可以放弃破译工作；最后爱上张国庆，黄依依明知对方有家庭，在破译密码后还用自己"万能的权利"让对方离婚，让对方和自己在一起。这在道德上不可理喻！而如果没有这些，她的神秘功能可能丧失。这种焦虑让人物欣赏在神秘感与道德感之间徘徊，国家需要与个人道德之间的冲突，更让小说有了可读性。

神秘文学，从神话开始。中国古代有《山海经》《聊斋志异》等，《红楼梦》的宿命论也给人神秘感。这两种神秘都汇聚在《暗算》中，自然的、人际的、国际的、灵魂的种种神秘聚合。在《暗算》明快的叙事中，在红色资源与娱乐之间，作者把握得恰如其分。雅俗共赏，这是麦家的高明之处。当然，这也与麦家的从军经历相关。他参军时恰好在情报机关工作，一线的经历才是他成功创作的源泉。他的创作实践告诉我们：神秘美是通俗的，但不是低俗的。

《二战全史》让我进入战争阅读

吴宇昂

战争，这是一个我们同学了解却陌生的两个字。一听到战争，我们会想到奋死作战的士兵、硝烟弥漫的战场，它意味着诀别与死亡。而战争不只是厮杀。克劳塞维茨在《战争论》中对战争定义是：战争是迫使敌人服从我们意志的一种暴力行为。

趋利避害是人的本性，而暴力让大多数人排斥战争，祈求和平。但我们真的不接受战争中的一切东西吗？一味地否定是不可取的。硝烟背后，政治巨头的决断主宰着战争，各种力量的交叉牵制着战争，无处不在的谍影让战争更加神秘，仿佛有些"诗意"。最典型的要数二战，我们"接触"得最多的也是二战了。"很有味道"的感觉，不像现在的战争是干脆的科技、经济、政治战。二战是世界历史的一个重要标志，它不仅是一战的延续，也代表着世界权力中心的转移与变更。二战是人类文明的转折点，其影响延续至今。白虹的《二战全史》（中国华侨出版社）是我的启蒙书，也值得同学们阅读。通过它，我们可以大致明白二战的形成与发展，即先粗略地对二战有一个大概掌握。它不像教科书那样古板，它充分考虑了我们中学生的接受能力。它对每一个单独的事件都有一个一般性的说明，不算太长，但足够解释清楚基本情况。在一个小主题中，主要描写了重要人物和比较有影响的会议。对一些不重要的指示和历史事件进行了简写，显得不那么烦琐。其中也穿插了当时的人物轶事与武器介绍，比如虎式坦克、鼠式坦克、隆美尔、戈林。

它有总体的数据：战争最激烈时，全球有 61 个国家和地区参战；20亿以上的人口被卷入战争；战火遍及欧洲、亚洲、南美洲、北美洲、非洲及大洋洲；战线遍布大西洋、太平洋、印度洋及北冰洋；约 9000 余万人死亡；钱财损失约 4 万亿美元；大量房屋受破坏，工厂、农庄、铁路和桥梁的损坏则难以计算。

它有大量的历史资料汇集：远东硝烟、欧洲沦陷、苏德大战、血染太平洋、决战斯大林格勒战役、逐鹿北非、光复欧洲、日本投降。如"序言"中所说的，"将地区战场与时间线索混合穿插"，为我们展开了整幅二战的历史画卷。波兰闪击战、列宁格勒保卫战、诺曼底登陆、中途岛海战、偷袭珍珠港和抢占瓜岛等著名战役，关系着整个人类的命运，让我们的脉搏与之一起跳动，以此开阔我们的视野，让我们站到高处。因此，了解战争既了解了历史的一部分，也是了解人类文明过程的一个必要途径。

当然，如果想要更加深入了解二战，单单靠它是不行的。例如书中只用两三页描述了希特勒的发家史，没有联系其他内容——时代背景、群众心理、政治制度、军事经济。我们可以继续发散思维，为什么这样的时代能够让他登上权力之巅？从《二战全史》出发，我们可以阅读《希特勒传》。就其个人能力而言，他的演说总能抓住人们的渴望。一战德国战败后，被限制军队数量、承担大量赔款（用黄金支付 113 亿英镑）、被剥夺所有殖民地等等。那些参加过一战的老兵（包括希特勒）以及曾经拥有过辉煌的公民们为了重新夺回曾有的荣耀，最终选择了希特勒。《乌合之众》有这样的观点：想要打动一个群体，你所选择的东西必须要有一个清晰的形象，并且有其突出的部分。这并不需要太多的解释，而要为这样的东西营造一种神秘感，一场伟大的胜利。这样我们就进入了战争理论、战争心理学，可以读读克劳塞维茨的《战争论》了。

战争的本质是暴力。战争的因素很多，有经济的、宗教的、民族的、国家的矛盾点。用一句话总结，就是战争阅读，暴力的低级吸引力只是一个开始，认识向纵深发展，从政治、经济、文化等"战争"，到热爱和平，最后升华为文明、理想、精神。因此，我们中学生阅读要全面地"热爱战争"。

读《山海经》激发文言文阅读兴趣

陶心怡

　　我是一位比较喜欢文言文的中学生，我最爱的是《山海经》。它是我第一本全本阅读的文言文书籍，它也送给我文言文阅读的钥匙。

　　《山海经》由许多篇小故事组成。每篇小故事文字简洁，一般都在几百字内，阅读起来较方便，这对我们文言功底不强的同学最有利。每次阅读花费时间较短，很适合在空暇之际阅读，也算得上是"碎片式阅读"。每个故事都是独立的，即便有极个别故事无法读懂，也不会影响其他部分的阅读。这些比长篇小说阅读方便得多，更主要的是故事吸引人。这本书描述了许多远古的奇异存在，或许有些真实，有些仅是幻想，可这真真假假正是这本书的迷人之处。对神奇之物的好奇、探源，便是支撑我继续阅读下去的理由。我们戏称这种简短的好奇小阅读是可口的点心、小菜。

　　《山海经》是以地理分卷的，由小故事勾画出《山海经》完整的背景。《山经》是我较为感兴趣的一部分，所载的大部分是历代巫师、方士和祠官的踏勘记录。蕴藏着神秘而庞大的知识体系，现实与不现实相混合，能激发我们穿越时间展开想象。现在我们通常用科学知识解释现象，古人只能去猜测，不断猜测、脑补，构筑起一个恢宏的世界：不周山、合虚山、阴山、浮玉山、天虞山……他们相信有神灵魔怪的世界存在，是他们的战争导致了自然灾害。

也有许多描述奇珍异兽的，他们的想象合理逼真："鱼身而鸟翼，音如鸳鸯，见则其邑大水（发生洪灾）的赢鱼；其状如牛，猬毛，音如嗥狗，食人的穷奇；鱼身蛇首六足，目如马耳，食之使人不眯，可以御凶的冉遗；其状如狸，一目而三尾，其音如夺百声，是可以御凶，服之已瘅（可治黄疸病）的讙……"或许在那洪荒时代，确实存在这些异兽。谁知道呢？神灵体系与自然体系互相佐证，趣味无穷。

好多故事我们半生半熟，而精卫填海、大禹治水这类故事我们耳熟能详，更有助于我们"探源"。用翻译寻找原文，我们更不怕阅读障碍了，每个故事展开都会伴随着文言词汇、句子认识的乐趣。《山海经》作者的资料不详，据说是由古人口传记录的，它富有音韵美。况且古人写文章都注重简练优美，有的要句句对称。朗朗上口的语句，是我对其感兴趣的原因之一。在我阅读《山海经》的那段时间，把感兴趣的句子摘录下来，每天清晨或夜晚念上几句，充满音韵的字句从唇齿间吐出，心灵不断触碰远古的气息。"丹穴之山，有鸟焉，其状如鸡，五采而文，名曰凤皇，首文曰德，翼文曰义，背文曰礼，膺文曰仁，腹文曰信。是鸟也，饮食自然，自歌自舞，见则天下安宁。"多么令人着迷的描写！这种神奇美丽的鸟类，也只能从古人的笔下窥得一二。读着这些中华古典瑰宝，仿佛我们在"文化探源"。

我被《山海经》激发了阅读文言文的兴趣。带着玄乎感，我开始沉迷那个奇妙的文字世界。学习时碰上的文言文再也无法满足我的胃口，后来我主动翻阅更多的文言文，如《聊斋志异》《黄帝内经》等书。一本是写鬼写仙的书，一本是正儿八经的医学书，我居然都喜欢。如在《素问》中读到："夫四时阴阳者，万物之根本也。所以圣人春夏养阳，秋冬养阴，以从其根，故与万物沉浮于生长之门。逆其根，则伐其木，坏其真矣。"这段文字，读来朗朗上口。这些养生道理在我们生活中流传，我们读这些书，仿佛找到了源头，或者叫站到了高处。

不只《山海经》，像唐宋传奇故事、明清笔记小说等等，都是我们的文化源头。多接触它们、喜欢它们，沉浸在好奇、探源中，就不再怕文言文了。

谢谢你《山海经》，我的文言文启蒙老师。

小人物的存在方式——荐读《许三观卖血记》

江怡乐

《许三观卖血记》讲述了许三观这个普通人通过一次次卖血来度过一个个生活难关的故事。许三观是一个丝厂的送茧工，是社会中的小人物。他拿着第一次卖血换来的钱娶了许玉兰，也靠卖血养了3个儿子。其间碰到"巨额医药费"赔款、饥荒年代、儿子生病住院等艰难的日子，一步步挺过来。整篇小说中许三观为儿子卖血、为情人卖血……直到儿子长大自立，他老了，血也没人要了。作者通过小说，展示了小人物的生存处境与对他们的同情。"为了不被饿死，为了生存，但是最终，还是为了爱和可笑（可怜）的尊严。"

一碗面的价值

许三观在得知大儿子许一乐是许玉兰与何小勇生的时，他恨妻子，恨何小勇，恨自己替人养了将近 10 年的儿子，恨自己当了近 10 年的乌龟。于是在大饥荒时，他用自己卖血换来的钱带着家人去饭店吃面，独独没有带上许一乐，只是让他去吃番薯。许一乐不被偏爱，又被番薯店老板哄骗，只得到了价钱差一半的小红薯。多重委屈叠加让许一乐天真地去找自己的亲生父亲何小勇，这是他最后的依靠。怎料这位亲生父亲压根不愿相认，许一乐决定离家出走。许三观得知一乐出走后，四处寻找，最终背着饿了几餐没力气的许一乐去饭店吃了碗汤面。

在这个过程中，许三观不给许一乐吃面，使许一乐更自卑——养父许三观的嫌弃、亲生父亲何小勇的矢口否认，都撕裂着这个孩子的自尊心——他是无辜的。当我们读者带着同情时，许三观转变了态度。他在同情中接纳了"干儿子"，带着许一乐去吃面，给他温暖。其实对许三观来说，许一乐本是他最喜欢的儿子，尽管身世让他难堪、纠结，可他毕竟是善良的。不带许一乐吃面也给了他吃番薯的钱，感到孩子可怜，许三观背起许一乐，说："我们回家。"这碗面让许三观遵从内心，感情升华，让许一乐自这碗面后成为"亲生儿子"。

许三观的"生日宴"

许三观在饥荒这年的生日宴有些特殊。一家人一起躺在床上，许三观用嘴给每个人"炒"菜。其实就是用嘴报菜名，形容菜的样子，以吞口水代替吃。给一家人都炒完菜后，终于轮到了他自己，他哈哈大笑："今天我过生日，大家都来尝尝我的爆炒猪肝吧。"

在孩子们饿得连甜味都不记得的日子里，许三观用这种精神满足的方式，总算在生活中找到一味甜。用自己这种乐观领着全家度过这段艰难的日子。面对无法抗拒的处境，除了乐观，还能有比这更好的吗？这也许是底层百姓最常用的坚守方法。

许三观一直是乐观的，最直观的体现便是儿子们的名字：许一乐、许二乐、许三乐。常人在产房外等候时，往往是焦急又担忧，而许三观却在产房外笑着，这也是儿子们名字的由来。

许三观是小人物，乐观但不傻乐。他懂得是非，心中有根弦。

许三观两次为儿子卖血

这年，年轻人要下乡生产。二乐的生产队队长来到城里，许三观为了使二乐的生活好过一些，便又去卖了次血，换来整桌饭菜招待二乐的生产队队长。他听着生产队队长吹牛，说着生产队队长的好话，在其不断灌酒下，不断打着冷颤。刚卖完血虚弱的他被烈酒冲击着，勉勉强强陪完了酒。不放弃的理由只是想让儿子的生活好过些。说些违心话的羞愧与透支身体的痛苦，都比不上让二乐改善境况重要。这源于血缘的纽带，也源于一位父亲的深沉之爱。那么，我们此时对"大人物""生产队队长"更厌恶了，也更同情许三观这个无奈卖血的小人物。

许一乐在生产队患上严重的肝炎，需要转到上海接受更好的治疗。而高昂的治疗费却难以承担，四处借钱仍凑不够。许三观决定再次卖血。他在林浦、百里、松林等六处上岸卖血，一路卖血到上海，险些卖没了命，而他仍不放弃一定要治好一乐的信念。曾经嫌弃许一乐非亲生的许三观，在看到空空的病床以为自己来晚一步的时候，竟放声痛哭。这已经超越血缘本身，是养育了 20 来年的亲情，而许三观也实现了小人物的精神超越。他没有读过书，但他的文化基因、他的道德底蕴，始终支撑着他的善良行为。

与阿 Q 相比，一个生活在社会底层的小人物，他的存在方式或许更多的是自我欺骗。许三观有过这样的想法：只要邻居过得和他一样惨或是比他更惨，他的生活就不算糟糕；他常常在嘴上说着狠话，又不断认怂，没有坚持。但许三观后来的行为好像在证明：人性是向善的。这是不是作者设置这个人物的意图？我们从一起卖血的根龙、阿方、来喜兄弟等小人物身上，都发现了这个方向。在余华的《活着》《第七天》中，都可找到这些踪迹。可见在这些小人物的存在方式上寄托着作者的思想倾向，也如作者在 2015 年韩文版自序中说的"这是一本关于平等的书"。

往生海——读《第七天》有感

金芷伊

我从光明中失足踏入混沌，迫不得已在黑暗里挣扎，后不顾一切奔赴于死无葬身之地。以肉体的无处安放，换取灵魂的自由。——题记

《第七天》是余华创作的一部具有现实讽刺意味的小说，讲述了弃儿杨飞死去后因没有墓地，而无法进入"极乐世界"，只能以野魂的形式飘荡在通往阴间的路上的故事。小说以此为叙述线索，串联起整个故事。期间杨飞一直在寻找病逝的养父杨金彪，但在冥冥中却发现了许多生前未曾注意的事。从美女妻子离婚后种种不如意的生活到伍超卖肾葬女友，以一个孤魂野鬼的视角认识人间的惨痛，等级社会下弱小人物追求的艰难与残酷。整部小说用7个不同地点、不同人物的悲欢离合，构造七组离经叛道的生活。最后，凭借杨飞父子生离死别后的重逢，将小说推向了高潮。小说以新闻的方式将事实剖析于世人的眼前，用夹缝里人性的善良和极恶下无声的坚守，揭露残酷冷漠、搬弄权势的现实。以疏离的事件带出讽刺与

批判，节奏明快。

在众多人物形象中，我感受最深的还是杨金彪。

杨飞的养父杨金彪是一个集善良、朴实于一身的男人，生活在要不要杨飞与要不要结婚的矛盾中。作为未婚小伙子，拾带弃儿杨飞，小说以此展开他的生活、他的纠结、他的彷徨，以及他最后的坚持。在杨金彪的身上，我们既看到了青年婚姻的需要，也看到了父亲的担当。20余岁，他舍弃了青春、幸福、自由，一心一意带杨飞长大。一个小青年，刚开始享受人生的美好，还都没有活明白。一边是在铁轨上捡的新生命，一边是即将到来的婚姻生活，孩子的未来与自己的现实冲突着，始终困扰着他。这根本不是他这个年纪应该承受的压力，他也差点儿没挺住。双重矛盾压力促使杨金彪将孩子带去了一个临市的公园，打算在无声无息间丢下他。杨金彪回来后，父亲的责任与天性的善良又出来提醒他。他心头无法放下这个孩子，良心也无法向七情六欲低头。在经过了两天一夜的折磨后，他立马出发去临市将孩子接了回来，并拒绝了未婚妻，此后穷其一生，视孩子如己出、不遗余力。时光如梭，杨飞长大后亲娘找到了他，杨金彪却愿意放弃，让孩子回到另一座城市中，自己留在家里一人孤独生活。

杨金彪是凡人，是小人物，却拥有不平凡的心性。我们都无法否认人的世俗，他从矛盾中解脱、超越出来，让我们无法否定人性的伟大。我们为之动容，就在于他作为小人物的坚持。有人说杨金彪是懦弱者，是傻子；说他不够果敢，收养杨飞的时候反复纠结；面对自己的未婚妻时，不够有担当，使一个女人反复为他流泪。但我却觉得他是勇敢的，他顶着所有人的冷嘲热讽，在不可思议之下完成了自己能做到的创举。且杨金彪所处的时代并不同于现在，那个时候对婚姻形式的接受度并没有那么广泛。世俗无法宽容一个青年男人放弃婚姻去抚养一个不是自己的孩子，这一点即使在现在，很多人都还觉得无法接受。杨金彪表现了作为小人物留恋生活、盼望家庭婚姻的一面，却在两难选择时反复纠结、退步，最终踏上了一条与众不同的路。它使他这个人多了更多现实色彩的同时，也展现了人的懦弱、坚强与人性的光辉。或许，我们一面唾弃这种傻子，一面却又在生活中渴望这种傻子的出现，来担当这个社会。

与杨金彪这样伟大的父亲形象对应的还有一个叫李月珍的母亲形象。如果没有她的鼓励和帮助，杨金彪可能不会下那么大的勇气和决心独自抚养杨飞长大。在李月珍的身上，有一种母性光辉。她曾为了 20 多个素昧平生的死婴，要求彻查却因此遭到围攻。

他们都是这个时代里渺小的一个，摸爬滚打在社会的底层，却以谨小慎微的爱温暖着身边的每个人，甚至在穷凶极恶之时仍旧让我们怀念起生活的美好，惊叹于人心的宽阔。书里还有一个卖肾为女朋友葬身的伍超，以最血淋淋的奉献诉说其爱情的佳话。他们的爱情也许足够世俗与穷困潦倒，但我们永远都无法否认这种卑微的美好。鼠妹再也没有办法知道伍超到底有多么爱她，伍超也再没有办法给鼠妹买一个真苹果手机当作补偿。他们在一辈子的平凡与不公里挣扎着走向了"死无葬身之地"。

如果说人生是一条永远没有尽头的直线，那么死亡只是其中任意一条线段的终点。我们无法预知死亡来临的时刻究竟是怎样的？或是身心俱疲，又或是双眼一闭就与世隔绝。而在小说中，死亡却是作家写作的起点。死亡让人总结人生，让人全方位地看到了等级社会，让人扫视整个灰色的世界。眼前是人间山河，耳边是声色犬马，是在粉饰下涌动的黑暗与无妄、残忍与冷漠。而黑暗的夹缝里仍顽强地长出小草，在批判的现实前，也最终找到了杨金彪、李月珍、伍超等人，找到了人性的善良与坚守。用无边的落寞衬托善意的光辉，在揭露问题的同时仍怀有对生活的希翼。暗示正义即使会迟到，但永远不会缺席！

  我们都在等待着生活中有更多像杨金彪、李月珍这样的人物出现，我们拒绝肉体无处安放，在"死无葬身之地"摸索着、摸索着走向往生海。我们希冀着将不安与自卑放逐，能在现世实现灵魂的高度自由。

谁让艺术变异——读《霸王别姬》

朱一博

《霸王别姬》讲述了京剧演员程蝶衣曲折悲惨的戏路故事。民国时期，小豆子（程蝶衣）被无力抚养自己的妓女娘送到戏班学青衣（丹角）。学戏过程中，戏班的棍棒教育使他获得了充分入戏、深入角色的能力，也使他模糊了戏曲与生活的界限、男与女的界限，以致对师哥段小楼（小名小石头）产生了爱恋。戏文中的个性与艺术的自由境界也注入了他的魂灵。世事浮沉，两人因《霸王别姬》而成名，成了角儿。然而程蝶衣第一次唱戏就被权贵张公公猥亵，后被袁四爷包养过一段时间。然，愈是如此，程愈是沉溺戏曲。后来程蝶衣被他捡养的弃婴，长大的小四（相当于义子）检举，受批斗，也在批斗中揭发了段小楼，被罚劳改。11 年后，兄弟俩最后一次唱《霸王别姬》，程蝶衣入戏太深，竟循着剧情真正拔剑自刎，结束了自己的戏路人生，这是电影的结尾。小说中程蝶衣假死，此后重回普通人的生活，结婚成家。

世界以痛吻我，要我报之以歌。程蝶衣幼时遭受的磨难，却让他练就了绝世歌喉，向世人传达美。这仿佛注定了他的心灵世界爱恨交织。"恨只恨无道秦，将生灵涂炭。"戏文催醒了懵懂灵魂，迸发出原初的生命情感，融入了自身的苦难。他无意于错综复杂的纠缠，无知也好，幼稚也罢，他只对美好憧憬。莺莺待月，游园惊梦，艺术仿佛是程蝶衣——也许更多人——生存的真理，为人们所普遍接受。戏台上演绎这一切，台下观众共情，用美好的艺术逃避或超越人生苦难。

被王公贵胄们专享本来就是艺术的变态化。士大夫、地主、封建遗少组成的王公贵胄，牢牢地掌握艺术产品，专供自己欣赏。他们能拿出更多的钱，以变态的方式培育戏子。严苛的体罚、森严的师徒关系，成就他们的"艺术"。这是程蝶衣他们的艺术来源。王公们观赏的品位，成为戏子命运的主宰。总管的那句"老规矩了，多少年的老规矩了"，是梦魇，是诅咒，萦绕戏子们的心头。很多戏曲，"一登上戏剧舞台，就成为封建统治者和文人士大夫的掌中玩物"。他们把艺术关进他们设置的笼子，占有艺人的自由与价值。从这个角度上讲，艺术品从产生到结束，都充斥着血腥与污秽。高贵的艺术成为王公贵胄的附庸。

戏班师傅无疑是王公贵胄的帮凶，让艺术变态来满足王公畸形的欲求。他们秉承着权贵们的旨意，为了将孩子培养成供权贵们赏乐的玩具而努力，这种教育方向直接造成了程蝶衣内心的扭曲。程蝶衣有着鲜明的自我情感诉求与个性。他绝非智力有缺陷——不会背戏词，只是在他的价值观中，一是一，二是二。孩子固有的天真与执拗在反抗着，变态的棍棒训练不允许个性存在。师弟小癞子被殴死，这不是唯一的例子。相较来说，师哥小石头适应了这种模式，他会帮小豆子偷工减料，会在挨打时应和"打得好"。当小石头把滚烫的烟斗头塞进小豆子嘴里，以惩罚程蝶衣不愿意接受女性角色时，小石头已经"成熟"了。而小豆子也接受了教育，接受了"现实"——改变性别获取角色博得王公欢心，当真成了"女娇娥"。

进入了角色，程蝶衣开启了真正的艺术旅程。戏班门仿佛敞然大开，五颜六色的风筝挤满门口。此情此景，若是换作梅里美笔下的吉卜赛女郎卡门，早就跑向新天地，再也不回来，卡门永远是自由的。程蝶衣在艺术追求中走向登峰造极，当他的价值已经在舞台上时，他自发地返回了戏班，算是他亲手折断了自由的翅膀。他接受了这样的观念——唱戏是自己唯一的出路。只要戏唱好了，尊严、人格，都会接踵而至。

可是这一切如同幻梦，他成了生活上的白痴，丧失了独立生活的能力，他存在的价值就是权贵的附属品。反过来说，他离不开王公们的欣赏，此外就是对大哥的爱恋。是心态被扭曲后离不开扭曲的心态。继续下去，两个师兄弟也会成为帮凶，做起师父，为贵胄提供艺术。一代代延续，是戏脉的传承。

如果没有师父这种教育，没有权贵们的欣赏，就不可能有程蝶衣绝代的京剧艺术。用血和泪换来大人们的一笑，是得是失？纵然程蝶衣所演绎的艺术并不自由，是病态而极端的，但是那歌声为世人钟爱，一啼万古愁。他所传达的，仍然是最伟大的生命情感。可以说，戏曲架构起了程蝶衣的精神世界，戏文中的解放个性、自由恋爱也注入了程蝶衣的灵魂。也让他以美好的目光看待这世界。这美好平衡着客观世界的丑恶。戏曲架构成的象牙塔没有轰然倒塌，是他无力改造自己的人生，改造世界的精神支柱。现实中，师哥段小楼是陪他好好唱戏的搭档，他没有接受这种变异的同性恋情。程蝶衣爱的是戏文中的西楚霸王——一个虚无缥缈的幻影，在现实中的投影——师哥段小楼。现实的每一次打击，都是一只尖利的锥。或许变态的人格为自己筑起了一道保护墙，背后是一颗清澈而脆弱的心。他把满腔的哀怨转化为对小楼的依恋和对戏曲的痴迷。

相对悲剧角色的程蝶衣，小四就是作家讽刺的对象。没有感恩，出卖师父；凭借庸俗的艺术，拙劣的伎俩，以坏艺术驱逐好艺术。表面上呼应公众，实则误导大众，贻害无穷。他要满足的，是他变态的权力欲望。

《霸王别姬》是千古绝唱。我们不否认姬对霸王的真情，而姬离不开霸王，女人依附于男人，艺术依附于权力。这些都如小说开篇设定的寓意，艺术要自立，不能由变态主宰——无论接受艺术的过程，还是创造艺术的过程。真善美，是艺术的真谛。以变异的手段获得艺术修养，或让艺术本身变异、附庸，或让艺术家自身变异，都不是艺术的正道。原著小说让主人公回归生活，这种表面上的放弃是一种和谐，是回归生活。在正常的社会里，艺术与生活不是对立的。和谐是常态，真善美是艺术之路，也是人生之路。

乱世生存之道——推荐余华的长篇小说《文城》

陈佳妮

《文城》是作家余华的新长篇小说，讲述了在清末民初的动荡年代，溪镇富户林祥福、陈永良、顾益民与土匪、军队及百姓等发生的一系列故事。小说展示了乱世中各人的生存之道，在生存与良知之间，各人不同的、无奈的与坚定的选择。

林祥福在北方老家与一位名叫小美的南方女子相遇、相识、相爱，但已有爱人的小美却两次不告而别，只给林祥福留下一个女儿。爱妻心切的林祥福，曾经承诺一定要找到小美。为此他带着女儿南下，寻找一个曾在小美口中提过的叫文城的地方。

文城就是溪镇。林祥福来到了溪镇，他在这里遇到了一群善良的人。女儿因为饥饿啼哭之时，有人会主动上前，把他引到哺乳中的女人家里，也因此林祥福把女儿取名为林百家。陈永良收留了林祥福，他和他的妻子李美莲以及儿子在一起的氛围温暖了林祥福，给了林祥福第二个家。于是他在此落地生根，与陈永良一起开了木器社。林祥福手艺好，与陈永良踏踏实实经营，生意好，深受溪镇百姓欢迎，老板与顾客（百姓）关系和谐。

顾益民是溪镇的商会会长，他给予了曾在他手下管事的陈永良以支持，不断关照他们的木器社，他的儿子顾同年也和林百家定了亲。在晚清到民国的变更与纷乱之中，溪镇的人们仍旧保持着他们传统的善良——对他人毫不吝啬的帮助，开明商人、地主努力维持着地方的平静、和谐与稳定。让大家都有幸福感，好像没感觉到动荡年代的到来，没准备过乱世生活。

军阀混战，匪祸泛滥。在顾林两家定亲典礼之日，林百家被土匪劫走。陈永良的妻子李美莲怕林百家贞洁不保，便让自己的儿子陈耀武去将林百家替回来。因战乱送不出信，惹急了的土匪就割了陈耀武的耳朵。土匪又要逃避军队而分散行动，陈耀武被一个叫和尚的土匪小头目带回家。耳朵受伤、身体发烧的陈耀武受到土匪母亲的悉心照顾，并被系上红绳希望能保平安。4天后烧退，陈耀武就帮和尚母亲干活，他们如一家人，竟有了一副岁月静好的模样。陈耀武最后回溪镇时，和尚母亲还送给他自做的干粮。

在之后的3年里，一个叫张一斧的土匪恶名渐起。他与其他土匪不同，身为外地人，对本地人并没有情义，也没有亲人。短短3年，他已作恶无数。原来同道的和尚也离他而去。而他作恶的地方，却是陈永良的新家齐家村。这让陈永良左右为难。张一斧在企图抢劫溪镇失利后动起了"擒贼先擒王"的念头，绑走了顾益民。陈永良认出顾益民后，就偷偷地趁张一斧去收赎金时救顾益民出去。而此时报恩心切的林祥福决定只身一人将顾益民赎回，赎金送到却被没信义的张一斧用一把尖刀插死了。

陈永良决定报仇，与张一斧决一死战。溪镇周围百姓鼎力支持，同仇敌忾，战斗大胜。在追杀张一斧的路上，陈永良与和尚站在了一起，结拜为兄弟，共同作战。和尚战死，张一斧最后也死在陈永良刀下。小说到此，矛盾冲突结束。

身处乱世，各人有各人的生存之道。张一斧走的是典型的极恶立威之道，顾益民行的是以善立信之道，林祥福尽忠，陈永良奋起反抗。和尚则先是落草为寇，后又洗身清白。他自己说："身处这乱世若想种田过日子，必遭土匪劫杀；若做上土匪，不抢劫又活不下去。""被迫抢劫"固然不是理由，却是在乱世保持活力的无奈之法。小说以其母亲的善良预示着和尚的良知苏醒，和尚的生命在刺瞎张一斧的双眼后结束。他的肉身毁灭了，但他的灵魂得到了救赎。"有良知的土匪"好像是个不和谐的概念，用于和尚却又很贴切。他为生活所迫走上了这条生存之路，若社会安稳、政治清明、民风良好，他走的一定是另外一条路。

身处乱世，林祥福无疑是幸运的。他处于一个有信用的传统人际之中。他家有很多田地，他不在家时，租户交租不误，田大管家一如既往地管理着家事。一人在他乡举目无亲，却遇到了一群善良的人。当他扎根于此，十几年后，对他一直忠心的田大跋山涉水而来，只为给他送房契和金条，后来五兄弟一起赶来接他回家。"叶落该归根，故人当还乡。"忠心的林祥福如其名是有福之人，除了最后没找到小美，与小美同处溪镇却擦肩而过的遗憾外，他为顾益民而死是他良心道路的悲剧终点，也可算是他的人生圆满。田大也病死于旅途，与林祥福一起被兄弟们接回家。小说中说："林祥福的童年是在田大肩膀上度过的，田大驮着他一次次走遍村庄和田野，现在他和田大平躺在一起，踏上了落叶归根之路。"

从晚清到民国，我们挣脱封建桎梏后，一度陷于乱世。溪镇是山边之城，文城这名称是良好秩序的表达，和尚是觉悟的隐喻。文如其名，永良、益民、百家、田大等等，表达了生活、生存的意愿，而最终要表达的是倾巢之下，没有完卵。乱世之下，没有人能好好生存，包括土匪与富户。最后只能由陈永良依靠民众的力量，反抗斗争，获取太平。《文城》真正的隐喻应该是：治世、安宁、良知、信誉才是生存之道。结合《乡土中国》，我们更能感受到工商业发达的江南小镇的人情百态,从而进入对人际关系、社会制度的思考。

艺术修身润心——推荐《艺术的慰藉》

林姿璇

今天向大家推荐《艺术的慰藉》一书，作者是阿兰·德波顿、约翰·阿姆斯特朗，译者是陈信宏，由华中科技大学出版社出版。

何为艺术？艺术的存在是否重要？艺术的价值对于我们来说又是什么？阅读《艺术的慰藉》这本书之前，我浅显地认为，艺术即人类表达情感的一种载体。可以通过诗歌、画作表现出来。而如今，我也许更加清楚，艺术不会被人们随意定义。它的产生方式也不止一种，它的作用、价值更超乎我们的想象。

在有些人看来，艺术很高雅，认为只有那些出入画廊、旁听音乐会的人才是真正高雅的人。但这么认为不免有些俗套，可以说，艺术来源生活，而高于生活。艺术的诞生，关键在于如何看待。有人将苦难转化为美丽，有人在戈壁上插上鲜花，有人在朴实无华的一天中看到价值。艺术是一种非常复杂的载体。艺术是记忆，是希望，是哀愁，是重获平衡，是自我认识，是成长，也是欣赏。它对应着人类的通病：健忘、容易绝望、觉得孤立无援、失衡、怀疑自我、缺乏经验、因为熟悉而麻木的习惯。艺术的存在当然重要。在原始社会，原始人便会佩戴猎物的牙齿，这是审美的出现，也可以说是艺术的萌芽。正如书名，艺术带给我的，是心灵上的慰藉，是可以暂时逃避现实的烦恼。从艺术中，你可以了解许多。

第一次接触梵高，大概是小学不知道从哪里看到的《星月夜》。它的色彩、纹理、它所表达的意境，完全带领我走向了一个新的世界。对艺术的兴趣便在我心头潜滋暗长，直至今日，繁忙的学业下，梵高的向日葵、莫奈的睡莲，仍是我心中的一处安然之地。他们越过岁月，通过画家的画笔，诉说着美好，从中也可以体会到艺术的一个作用——疗愈。

观察艺术品，要品味创作者想要表达的情感，了解其作品所处的时代背景。拿梵高来说，观察梵高的自画像。在众多自画像中，有一幅很容易引起我们的注意——很明显是日本浮世绘的画风。从中可以看出，那个年代浮世绘风格很流行。或者更肯定一点，至少梵高受其影响。再看梵高的向日葵系列，明亮的色彩、细腻的笔触，无不展现出他对生命的热爱。即便生活中遭遇种种苦痛，仍"世界以痛吻我，我却报之以歌"。再看他的后期作品——《盛开的杏花》，虽是在精神病院所做，遭受着痛苦的折磨，但当他得知亲爱的弟弟提奥的儿子出生时，立马画了这张带着生机活力、含苞欲放的杏花，表达他对新生命的祝福。他的最后一幅画《麦田群鸦》，金黄的麦田上却笼罩着浓密厚重的乌云，麦田上一群乌鸦在盘旋，最后他在这片金黄中，开枪自杀。这是艺术史的悲剧，这也是梵高不想面对而必须面对的结果。如果梵高没有接触绘画，没有经历那些惨痛的遭遇，那么他还是梵高吗？在艺术创作中，他找到了真正的自我。

这本书有对艺术作品的分析，也有作者的体会。它抛出了一个又一个线索，让我们思考。甚至可以说，它与哲学息息相关。它在矛盾的普遍性与特殊性中转化，它的对立统一引发我们对于时代社会的追问和思考。与其说我看这本书，倒不如说是我的自我反思。我与这本书的作者，以及书中所提到的画家或创作者，差距在哪？莫奈从平淡无奇的芦笋中看到了它的细腻，告诉我们应该试图拨开习以为常的表面，找出藏匿在底下的美与善。克洛德·洛兰以及柯罗喜爱着在我们眼里一些熟悉到不能再熟悉的景色，他们痴迷着、爱着，通过画作呈现出它们可爱的样子。艺术能够矫正我们心智的缺陷，它往往能够让我们在遭受生活的毒打后再次热爱生活。它能帮助我们以积极的态度面对各种问题，这也是艺术的价值所在。

童年的家庭阴影造成了草间弥生的心理疾病。多次自杀未果后，她相信这是上天对她的眷恋，最后成为"波点女王"。她的经历与大多艺术家不尽相同，难能可贵的是她认清生活并且敢于直视它。艺术抚慰人心。

这本书相比其他艺术的解说，更侧重于对艺术的启蒙与思考。我看这本书的感觉就是"舒服"。书中第一章方法论首先破除了普通人对于艺术的压力感，艺术疗愈心灵，不只是那些大师级的画作，即使是两岁孩童的胡乱涂鸦，也可以带来一刻天性的解放或者灵魂的放松。阅读这本书像是一场心灵的放松之旅，它可以让我们暂时从繁忙的生活中脱离出来，让我们观察生活，使我们的生活更加美好。我们可以发现路边的鲜花怎么这么美，今天的天空怎么这么明亮，生活中处处是浪漫。同时它也提出了好多值得思考的问题，比如美术馆里的作品陈列如何优化、博物馆纪念品店实际发挥的作用，给人以启发。

我们

四

师说阅读

我最喜欢的几句关于"路"的诗文

江富军

那天跟同学们说，要有几句自己最喜欢的诗书放于自己的案头。这种做法容易发现或形成自己的个性。现在，我来盘点自己年轻时喜欢的几句古诗文。

一句是屈原《离骚》中的诗句："路漫漫其修远兮，吾将上下而求索。"当时曾托同学写成条幅以自勉。一句是高适《别董大》中的诗句："莫愁前路无知己，天下谁人不识君。"我将其书于毕业照片的两边，作为老同学们鼓励我前行的话语。还有一句是王勃《滕王阁序》中的句子："关山难越，谁悲失路之人；萍水相逢，尽是他乡之客。"感慨人生，越山蹚水，意境丰富，一直吟诵于心。去年，托老同学将这句子书裱起来。

我把这三句诗一凑，发现一个共同点，那就是都含有"路"字。而且3个"路"："路漫漫""前路""失路"，都有迷茫、寻找、探索的意思。那时十六七岁，处于青春期，对世界充满好奇又迷茫。一接触这些诗词，求索人生路，对生命这样一定位，本来读书、生活、工作这些很现实的东西就变得诗性起来。

影星刘晓庆写了一篇长文叫《我的路》，连载于《文汇报》，引起了强烈反响，因为她突出了个人奋斗的道路。当时她演电影《小花》得到了百花奖最佳配角奖，当红之时，出言不逊，又处于观念转型期，引来不少批评声。而我们年轻人则力挺，我们被集体主义的声音轰鸣太久了，对个性表达充满了羡慕与崇敬。

那时自喻为"失路"，喜欢把自己说成迷途的羔羊，或许是高调后的自我觉醒。而青春期，长高了，离开了父母，独立了，仿佛突然看到了整个世界，生命突然有了意义。很想找一条属于自己独特的路证明自己，比如文学爱好、艺术人生，希望速成。其实这也是一种自我膨胀，又苦于自己没有"实力"，没有资本。有时偏又感到怀才不遇，时运不济。无奈下寄希望于长长的未来时光，似乎有无限的可能性。现实不如意时，就念叨"走自己的路吧，管他人去说"，心有些怂了，口头还不承认。有时感觉整个世界都是敌人，"他人是我的地狱"，仿佛路越走越窄，感觉悲观哲学才是我的菜。把自己的灰色哀伤情绪挂靠于悲剧美之中，诗意起来。

王勃写《藤王阁序》时也正青春，叹失路他乡。李白说人生本逆旅，大家都在回家的路上。现在我年过半百，失路不失路，路也就走过来了。走哪条路，陆路水路、山路马路，是是非非，也都过来了。现在让我说说最喜欢的诗，倒是那一句电视剧《西游记》主题曲中的歌词："敢问路在何方，路在脚下。"这句歌词答非所问，不回答朝哪个方向走，却揭示了"行走"是人生的本质。怪不得演孙悟空的六小龄童把新书命名为《行者》。到哪里去的目标变成了手段，在路上，在追求，在探索，才是生命的目的。目的与手段如此诡异的变化，真感叹生命丰富。

从三轮车夫到复旦博士的阅读启示

江富军

蔡伟，百度词条是这样介绍的。复旦大学博士生，男，汉族。当过工人，下岗 10 余年，摆过小摊，蹬过人力三轮车。经过 20 多年的自学，成为复旦大学出土文献与古文字研究中心的博士生，导师为古文字学泰斗裘锡圭先生。2015 年博士毕业后，进入安顺学院图书馆工作。

我们都喜欢奇迹，喜欢不同凡响的故事，蔡伟博士的求学故事引起我们的好奇，给我们的阅读以思考。

思考的基点应该是阅读兴趣

从三轮车夫到复旦博士毕业进入图书馆当老师，这两个跨度特别大的职业，引发人们对他 20 多年自学的关注。是什么力量让他能够坚持下来？

怎样达到有效自学？正如杭州外卖小哥雷海为获得诗词大赛冠军一样，他们都是在琐碎的体力劳动职业中，深入学问殿堂的脑力劳动天地。我们不能用咸鱼翻身的模式去解读，对体力劳动者要有基本的尊重。更不能套进古代相公落难中状元的戏剧性模式，因为博士与图书馆老师都是普通人，都面临紧张的工作，有时在研究课题时更辛苦。"十年寒窗苦，一举天下知"，这是科举的、片面应试的"敲门砖"思维模式。我们分析与启示的基点应该是蔡伟本人不会预料或确定自己能用古文字工作改变命运。那么，20多年的自学靠的应该是对文字本身的兴趣，是对阅读（研究）对象有直接兴趣才能产生恒久的动力。正如裘锡圭导师所肯定的，"不计功利，刻苦潜修，十分钦佩"。

少儿自发的兴趣很重要

蔡伟的文字学兴趣从哪里来？我们很难明确。从时间上看，能肯定是从学龄期、青年期开始的。从网络相关材料中可知，蔡伟"这些已刊发的文章，不少源于他早期写下的读书札记。他积攒下了几十本笔记，落款的时间跨越了30年"。如今48岁的他，30年前应该是中学阶段吧。"最早入古典文献的行当，是因为蔡伟拜读了蒋礼鸿先生的《义府续貂》。这是研究古文献的名著，也是治训诂、校勘重要的参考书。30年里，蔡伟来来回回地研读，他看过不下6个版本，还专门列出表格，一一细数各版本中存在的14处问题。"我们可以说《义府续貂》是蔡伟的启蒙书，这不是中学生必读书，应该是蔡伟的自主选择。当时阅读可不求完全清楚明白，但求于自己的内心，包括他高二时读到裘锡圭教授的文字学论文，都可能在"不甚明了"的层次。可见中学时读些自己喜欢的、有价值的书，形成自己的良好兴趣点很重要。若所有阅读都要有明确的思路、答案，可能对发展不利。

为什么爱上古代典籍，百度上介绍是"天生的兴趣"，我们也没有更多的资料佐证。"出身普通，父母都是工人"，但"他自幼热爱书法，学生时代迷上了唐诗宋词，高二时在《文史》上偶然看到裘先生的一篇论文，从此被传统'小学'吸引"。可见，爱书法诗词容易产生对古文字的热爱。"字帖上总有很多看不懂的繁体字，他捧着字典来回翻。"以翻字典、查繁体字为乐，这也是一种阅读模式。这种"一册在手，拥有世界"的感受，是缺少书籍年代时的我们经常有的。还记得当年买到《辞海》缩印本时产生"什么都有了"的感觉。再者我们不妨推断，大家常有以识字量为衡量文化程度高低的标准，以此产生的价值取向，也能促进蔡伟用识字多、多识繁体字来进行自我肯定，养成以识字为乐的习惯，进而形成文字研究方向。近几年出现的读篆书、拆字解释词语、用繁体理解意思等语言阅读倾向，以及电脑网络带来的查阅方便，也有这种"一册（网）在手，抓住根本"的阅读感受。

"他的语文成绩一直领先，到了高中，理科最低的成绩只有十几分。""除了语文，其他科目的成绩一塌糊涂。"这是严重偏科。我们可以推断，偏科没有受到父母、老师强硬地矫正，更没有现在大量的补习班占用了课余时间。也就是说，他还能在自己喜欢的科目上多花时间，发展爱好。估计父母也没提出研究文字学的要求，否则也可能在压力下丧失兴趣。在全面系统的要求下，如在"必读课外书书单"的高压下，是难以保持阅读兴趣的。课外阅读也没有必要每篇都与课内一样逐字逐句分析，这会影响阅读热情与"阅读视野"。有自主选择的机会与培养兴趣的时间条件，一颗阅读种子才能慢慢地自发成长，"野蛮"生长。这不是否定课堂分析，也不是鼓励大家偏科，而是提醒同学们在偏科时不要丧失信心，比如钱锺书。

简单的生活与环境很重要

那时大学没有现在这么普及，我们把没读大学还坚持自学出成果的称为"自学成才"，这在离开学校后的前几年很重要。"蔡伟把图书馆当成了教室""一年多的时间里，光是古书，蔡伟就看了两三百本"，差不多一天一本。他高考落榜后进了橡胶厂，3年后下岗。"倒班之余，他泡图书馆，'几乎把能看的书全看了一遍'。"可以说这3年的阅读为蔡伟打下了底子。父亲给办了借书证，厂里工作也不太忙，"蔡伟不讲究外表，唯独执着于买书，每年购入的新书差不多几百本。离开复旦大学前往安顺学院时，他打包运出80多箱藏书"。这几乎是日进一书了。

"学术之外，他的生活很简单，逛市场、刷短视频，或是练练毛笔字。""他强调，自己只是喜欢这门学科，不愿当所谓的学术明星。他最担心被分散精力。""做学问，不就是要经得住长时间的埋头嘛，名利是致命伤。"成名后，"他拒绝再接触媒体，为此特意换过手机号"。这是刻意的简单。是的，热闹伤神。不图热闹是阅读者自己设置的环境。做学问需要耐得住寂寞，应酬过多，总在无关紧要的人际关系上耗费，结果会迷失自己。至于那种拿一点学问来卖弄、来换取名利的，就是把学问作为敲门砖的人，在学问道路上一定是走不远的。历史学家傅国涌在挑学生时说："见到聪明人，我就不要他做徒弟了。"

其家庭也简单。"对物质生活，蔡伟没有野心，挣的钱只图个温饱，他的业余时间都用来看书。'家里人不懂我在读什么，也不干涉，反正不花钱。'蔡伟说，父母和妻子都是普通人，没求他飞黄腾达，'只是偶尔觉得很孤独，周围没人能跟你交流'。"

蔡伟的阅读与研究历程，不是个人从大穷到大富大贵命运逆转后的荣华。那种先苦后甜、等级人生衍生的畸形快乐，最终还是享乐、低俗的价值观。蔡伟得到的结果仍是学术的，学术还是清贫的。质朴、清贫，仿佛是学术的宿命。对文字有兴趣，追求自己的爱好，其实是在追求生命本质的丰富精神，从内到外都是质朴的。阅读，还是离不开古典美。

当然，拉车、骑三轮车、摆摊等生活，"原本大片的读书时间，也被切割了"。就像寒门子弟不能感谢贫穷一样，我们不能说幸好做了三轮车车夫，应当是幸好有志向、有阅读、没放弃。

爱书成癖，伯乐爱惜千里马

当年仓颉造字，群鬼夜哭，大概是因为文字破译了鬼神的密码。文字是与神秘力量相联系的。蔡伟破解文字之谜，有饱满的好奇心、探索心。与其他书迷一样，买书、逛旧书摊等习惯都会有，还有包书皮、抄书等。"有些书无法外借，他就坐在图书馆里抄。橡胶厂发的表格纸被他小心翼翼地攒成摞，再一一从中对折，有字的一面向内，订成一本。他仿照古书从右侧写起，完成《尔雅》的抄写，花了20天。"为了节省复印费，他抄书，坐冷板凳，爱书之情倍增，越抄越爱，抄成骨子里的书痴。

对蔡伟有知遇之恩的是裘锡圭教授，复旦大学的文字学大家。恩师指导开始于蔡伟24岁时对裘教授文章中的一个词语提出不同的解释。裘教授同意其观点，他们的师徒联系就与蔡伟的学业一起发展，到后来蔡伟被裘教授聘请做课题，然后被裘教授自主招收为博士生。

不考试而获得晋升，够浪漫吧。毕竟常规的读书道路太累了。其实"荐举"之路更需要恒力持久。而对于有追求者，伯乐也会常有。有人讲怎样跟博士生导师拉关系，讲要用金钱、权力云云。其实，读他们的书，分析他们的观点，向他们请教，就是最好的"自荐"。当然要坚持独立性，实事求是。这样的关系至少不是权力、金钱铺就的。许多导师在乎的是他们的学术怎样更加深入。我们把围绕某人、某话题、某名著、某栏目等的阅读，称为"跟踪阅读"。现在咨询便捷，网络强大，跟踪阅读让人融入时代，有节奏、有趣味。找一个有价值的对象，追求一个"朋友""师长"，让自己有"目标"，不妨一试。所以，同样是电脑网络，用得好的如虎添翼，用不好的自毁长城。

复旦大学出土文献与古文字研究中心主任刘钊说："蔡伟心无旁骛，对古书的文字、句法及古人用语习惯都烂熟于心。"强大的动力来自持久的努力，自古英雄出少年，中小学时开始积累很重要。从课外阅读角度上讲，自发的兴趣很重要，各人应根据自己的喜好选择健康的读物。简单的环境才能保持长久的兴趣。找到阅读的朋友与老师，让自己继续发展。阅读是共性与个性的统一，如果说课内阅读偏重共性，那么，课外阅读应该是个性化的，这符合因材施教的原则。

人丑读书得天下乎

江富军

为了劝人阅读，调动阅读积极性，有人总拿出一些片面的，甚至错误的理由。比如近日就有"人丑就要多读书""得阅读者得语文，得语文者得天下"的说法。

人丑就要多读书，这理由好像很生动，给人冲击力，让人充满阅读力量。但整个道理是不对的，也难以激起真正的阅读动力，或者这样的阅读是走不远的。

先从读书条件上讲，读书面前，美丑平等。读书是针对任何有阅读能力的人，而不是某些特定的人。或者说，美丽与丑陋不是读书条件，既非充分条件，也非必要条件，这个假言判断不成立。反过来讲，你没有资本不读书，哪怕你是绝色美女。

再说，真把读书当作美容，细究起来，受众面太小了。按照排中律来看，美女可以不读书了，男孩子对美不太重视，也不用读了，老年人不用读了，反正老了丑了。这与人穷就要读好书的思维是同构的。

"人丑就要多读书"是 2015 年那位获得美国麻省理工学院全额奖学金女孩的自我调侃，与"红袖添香夜读书"一样只是一种说法，对于我们这些成年人来说，用这话提一下气也无妨。中小学生听了，他们的判断力不强，容易以为读书就是夸夸其谈用的，读书让自己表面优雅起来，口吐莲花，吸引眼球。这种"阅读化妆"论，让阅读一开始就离开了求真、探索的本质，进而形成游戏人生的态度。

事实上，古人有"腹有诗书气自华"的说法。宋代诗人、书法家黄庭坚说："三日不读书，便觉语言无味，面目可憎。"确实，阅读让人有内在气质，有书生美，可以弥补面目丑陋的缺陷。但以此不能推断出人丑就要多读书，否则会使方向失调、谬论横行、社会浮躁。杨绛说："读书是为了遇见更好的自己。"更好的自己应该是实实在在的人，追求真才实学、精神健康、热爱生活的人。

另一句话是"得阅读者得语文，得语文者得天下"，这是片面应试教育的论调，是读书做官论、读书发财论的翻版。得语文不是为了得天下，阅读是为了让自己具有语言能力，以之建构精神空间，提高自己的生命质量。曾经重理轻文，有过这样的表达："学好数理化，走遍天下都不怕。"这个表达还能让人接受，是为了适应这个世界，而"得天下"的概念是封建王者思维在作怪，就像现在称考试成绩优秀的人为"学霸"一样。搞得打仗似的，什么都往战争概念上挂靠，做类比推理，让人过分紧张。从前还有一个比方：读好书将来穿皮鞋，读不好书捏一锄头柄穿草鞋。这种观念的前提是轻视农民，也是读书做官论，与"读书为了挣大钱、娶美女"的错误观念一样。这些观念飘浮在我们的生活空间，容易误导中小学生，让本已片面的应试教育走得更远。

把两个概念相连，人丑就要多读书，得阅读者得天下。那么，丑的人经过奋斗得天下后得美女。而得天下是个争斗概念，说不定潜在的还是你死我活的逻辑。甚至有标语说：阅读力就是战斗力。当然我们知道这战斗力是研究能力、生活能力的意思。如果是争斗，就是远离阅读本质的，南辕北辙。

从前农村有句话叫"读几个字亮亮"，这个劝读理由在教育没有普及的条件下是正确的。老话讲不识字的人如瞎子，因此叫"文盲"。我们把阅读称之为开阔视野，年轻人阅读要博览群书。应该叫"得阅读者得精神"，如果说"精神是本，物质是末"，这话有一定的道理，那么，我们总在物质场中你追我逐，累死累活。"烦恼场中错用功"（王阳明语），我们在舍本逐末。相反，读书是给自己一个精神高地或精神港湾，读书是正本清源，固本扶正。

在此，我们应该联系平等阅读这个概念。有人说阅读是最低成本的高贵，此话不假，一本书成本低，只要有时间，认识字就能读。现在又有了听书，出租车驾驶员都能经常听名著，原来职业对阅读的限制变成了便利。相反，有些"得天下"的高官富商，却忙于事务，没时间、没心思阅读。他们在现实的世界里左右纵横，或许更有"气场"，然而他们在读书的世界里因没有时间反而"得不到天下"。他们忙得不亦乐乎，累成生活的奴隶。这不是矫情，是事实。读书人紧扣生活目的，每天一篇小说，每天读些新闻与评论，每天背些诗词，等等。如果说读书为精神的提法太高贵，读书为享受又有些低俗，那么，读书本身给现实生活带来舒缓的节奏、愉快的情调，这应当是事实。生活因有阅读而有张有弛，有现实有想象，有观察有思考。不是得语文者得天下，而是得阅读者得生活。

平等是人际关系最重要的原则，平等是社会主义核心价值观的一部分。

童话阅读、民间故事阅读中充满平等，让人感到安全，因此是儿童的最爱。文学作品中有真善美，让我们在生活的种种迷茫中永远有希望。求真、向善、至美，是文学的力量。可以说，绝大部分书籍是同情弱势追求平等的。人丑固然被人瞧不起，这是爱美之心所致。但文学阅读告诉我们要美丑平等，《巴黎圣母院》的敲钟人让我们起敬。而生活中，只有平等待人，或力求平等待人，才会让人生乐趣无穷。强权之下是精神的真空。少儿在文学引导中认识生活，就会有柔软的心，就会形成终生平等待人的底线，这样一生都能抵御虚空。同情、情怀，不仅是社会安全的需要，更是自身心理建设的需要。近来有人又提《水浒传》中对小人物不屑一顾的态度，批评作者在宏大叙事中、在英雄豪迈下，忽略了小人物的感受，并以此推断我们在这种欣赏之下形成的文化心理积淀，让我们的强权崇拜延续千年。因此有人说"老不读三国，少不读水浒"，事实上不是不阅读，而是广泛阅读，形成批判性阅读。毕竟《水浒传》的主题出发点还是济贫与平等。我们还在平等追求的文化中，文学与阅读是平等追求的主要文化基础之一。或者回过头来说，阅读给人的精神高地，恰恰在于享受普通平凡的生活。平等才会有人生热情、知识热情，才能有充分的生命体验。在普通的、平凡的生活中欣赏美的阅读者，才是最幸福的。

读书求美、求得天下反而走不远，而读书让人有情怀，才能走得更远。

还有一些值得探讨的阅读理念。如，为了孩子，你要多读书；书非借不读也；不动笔墨不看书；读书就要逐字逐句地读，不能囫囵吞枣；等等。这些都需要慢慢思考，给少儿一个合理的引导。多一些平实的、实际的，少一些夸张的、荒诞的。至于那些"读懂西方，一本书就够了""用一本书读懂哲学""一本书读出哈佛生"，则只能让读者在浮躁的路上走得更远。

挑战性阅读漫谈

江富军

　　习惯上我们把难度、深度阅读称为挑战性阅读，实际上阅读强度挑战，就是单位时间内的阅读容量（信息量）挑战，还有阅读精度、质量挑战等，都应当属于挑战性阅读。再就是在阅读环境差的情况下也坚持阅读，是阅读条件挑战。难度、深度方面的挑战性阅读重在理解力，而强度、精度等挑战构成的是全面性的挑战，需要综合能力。在相应语言能力的基础上，合着理解力、想象力、感受力、注意力、记忆力等。此外，还有体力、环境、兴趣等条件因素。

　　挑战性阅读是我们经常碰到的，是常态化的，只是我们没有充分感觉到。我们先来个相对的定义：挑战性阅读是试图超越，或最大限度地利用自己语言思维能力的阅读。其表现为主体意志上有意地努力，相对于休闲、享受、碎片阅读，挑战性阅读主动获取语言信息。主动性的首要表现是材料要有选择性，先是"挑"，然后是"战"。在此，挑战性阅读有两个向度：一是向理解力极限挑战，二是向感受力、想象力极限挑战。通常两种互相混合，读者长期坚持，积累稳定的阅读趣味，达到相应的阅读境界。

有人以为读武打小说、侦探小说很容易，这不是挑战。其实也可以是的。挑战重点不是理解力，而是感受力，包括推理小说的部分情节，也是理性推理与想象力、感受力的结合。比如看恐怖小说，是对想象力、感受力的极限挑战。很多地方是现实不能感受的，如屠杀心理、吸毒心理，还有帝王将相的心理、各行各业的职业心理；又如在阅读中了解各地的地域风情，深入各时代人物，并勾勒相应的人物关系、心理过程等等。总之，大量心理情怀是我们不能直接感受的，阅读让我们在间接的前提下"比较直接地""经历"了这些。我们思维中的代入机制帮助了我们，无限放大了我们的间接体验力，挑战了我们的"超级感受能力"与"超级想象能力"，构筑了现在的科幻阅读，脑补出机器人的伦理情感。文学阅读、社会科学阅读的很多力量也来自这些"间接经验"。从感受力出发的挑战性阅读，可以说是用得最多、最广的阅读，在提升阅读层次、人生修养上起到重要的基础作用。

但小说类、故事类阅读容易循着好奇心而随波逐流，满足于感官体验，沉溺于打打杀杀层级，这就不是挑战了。尤其是中学生，处于精神发育成长初期，思维不稳定，容易被感受力引导。很多学生被武打、言情、侦探小说吸引，引起了成年人的警惕。有的怕学生在金庸创造的江湖中不能自拔，有的怕学生在东野圭吾的世界里迷路，我们这一辈人大都曾在"琼瑶热"里感受过爱情。成年人主张用理解力挑战，反对通俗性阅读。而成年人自己也通常被故事阅读吸引。神话小说《西游记》能让不少成年人与少儿共同欣赏就是证明。而在感受力、想象力之外，读者试图与现实比较，试图用理性进行解剖，就进入了挑战性阅读。孙悟空与唐僧等都是传统的文化符号，辅助我们解释世界。很多人用金庸笔下的人物如杨过、小龙女来解释现实生活中的爱情，也找到了新的文化符号。当然，有的是熏陶型的，慢慢悟出道理，水到渠成，这算不上挑战；有的是碰撞型的，在意志努力下不断悟出，就是我们通常的由感性飞跃到理性的阅读，这是挑战性阅读。

少年在休闲阅读中，如果自己想一想，设置一些故事，看一看作者的思路，进行比较，阅读就由好奇变为探索；或者读过后作一些综合性的感受描述，理性地估算一下收获，阅读就由惰性休闲阅读变为挑战性了。好奇与探索是两个层面，探索是有意志努力的、有难度的、有理性的，否则光是好奇，纯粹在感性层面，从感性到感性，漫无边际，信马由缰，就没有挑战性了。有人说："如果读者循着故事轨迹，自己也能想出结局与许多细节，那就没必要看这部小说了。"如我们过来人读某些言情小说，好像自己的感受也不亚于他们，就没必要读了。自己拍拍脑袋就能想出的内容甚至比他们的好，却还在读，那就是惰性阅读了，是叔本华说的自己的大脑成了别人的跑马场。

这里没有否定感性化的想象力、感受力，相反，是它们与理性思维一起完成了挑战性阅读。阅读的感受性、想象力也会在理性的调节下，为自己提供智慧。也不能把理性化作为挑战阅读的终点，有时相反，就像托尔斯泰读了一部小说后构思出了后来的安娜·卡列尼娜的形象。在阅读过程中，两个向度不断组合又分离的过程，构成了挑战性阅读的全过程，也是好奇—探索、探索—好奇不断交织的过程。

理解力也一样。有挑战性的理解力才是理性的。过于简单的理解力，不断重复简单的理解力，是感性的。如"1+1=2"这些题目，对3岁小孩来说是个有关理解力的问题，而对成年人来说是感受性的。成年人古诗词读多了，轻松地感受一下古典诗词，就比儿童的理解力要强。这是进入境界层次的结果。

最大的挑战阅读是面对整个图书馆，要读完全部的书，这种热情在明知不可能的情况下，还是会顽强地存在。它能转换成坐拥书堆的快乐，这是长期坚持强度挑战的心理补偿与奖励。当这种快乐产生后，阅读进入了高境界，有了许多附加的意义，或者干脆达到了阅读的本质意义：享受古今中外的生命信息，吸取（呼吸）人类的精神能量，陶醉于语言文化之中、文明之中。如作家周国平说的，把哲学文章当成散文来读。当然，坐拥书堆也是把挑战难度降低了一部分的，但这时挑战阅读几乎是自然而然的乐趣，全部的好奇心都化作了探索的快乐。有人以每天读完三五篇小说为乐，有人以每天背诗几首为乐，有人以每天接触一点哲学、社会学知识为乐。读者从孩子时一窍不通，到有阅读、有阅历后对整个人生、社会整体性智慧的把握，这个过程充满了无穷的乐趣。此时，不仅是知识的数量积累，还是不断地对原有结构的理解、调整、否定、肯定，进入更深、更高层次回看世界，但又没丢失好奇心。理性化的探索已经完整地保护了好奇心，每天都从好奇心出发，阅读有了永恒的力量，阅读了生活的一部分。真正的理性是对感性的保护，而不是压抑，更不是对立。否则，完全排斥感性的理性，本身就是伪理性，恰恰是某种程度上的感性。

挑战阅读依赖意志力，包括感受性的挑战阅读，会训练出超强的阅读力。中学生读哲学，有人喜欢用"啃书"这个说法。40 年前，我们年轻时经常听到这个词语。那时改革开放刚开始，全国掀起了一股钻研热。当时幽默的时髦话就是"拿砖头（书）来就啃"，形容钻研精神。刻意背诵课文，大量背诵，也是一种强度挑战，是意志在坚持。长期坚持形成了能力、习惯，意志力付出越来越少，也如前文所说的就变为自己的境界了。类似的如编辑一夜要读完一本厚厚的稿子，我记得一位新闻节目主持人自我介绍时说，他为了收集新闻材料，每天都要读5万多字，在别人眼里是挑战性阅读，对他们来说几乎是轻松阅读。我们也一样，时常下决心今天读完这部小说，经常开展马拉松阅读挑战。我们每天必须保持这么多的阅读量，才能与时代的脉搏一起跳动。否则，阅读量、信息量（包括电视、网络接触到的信息量）的减少，会让自己渐渐落伍。

当然，有娱乐诱惑而克制不参加，这也算是挑战。对阅读没有太大的兴趣，也要坚持一下，否则自己会成为生活中一大堆感官享受诱惑下的俘虏。这实质是挑战自我，是对环境、也是对自己的意志挑战。培养意志力，就得先与自己过不去，理性地用更高的层次来引导自己。现在大家反对孩子玩手机，在生活中我们最终不得不接受。手机阅读就是由别人代替自己选择，把信息送到自己跟前，由着他人把自己的好奇心导成"别人的跑马场"。而实际上让好奇心广泛存在，探索心的成长，手机就不会形成干扰，还有助于阅读。而让诱惑在旁边也不心动，也是现代社会重要的生存方式。娱乐遍地的社会，生活如此"美好"，能自己用境界层次"加持"自己的意志，是一种生存能力，需要从小培养。与我们年轻时不一样，当时挑战的是烦躁的环境，当时也有人夸赞年轻人能够在机器声中坚持阅读有定力。也指挑战强节奏的工作，如在工作之余坚持有效阅读。现在，我们对比过去，津津乐道于从前挑战书荒环境，包括借书难的状态，以及当时我们围着图书馆员转，认为最美好的职业是新华书店员工等等。说到底，除了书少以外，从前没多少像现在电子游戏那样高强度入迷的玩乐，反过来看却是良好的阅读环境。现在什么书都有了，自己独立的书房也有了，人却静不下心了。因此，当下我们更需要挑战浮躁的环境条件，用意志坚持沉静阅读。

最后我们来看看语录阅读，这是最方便的阅读。可以有意挑选难的句子来读，也可以是形式比较简单的挑战阅读。通常中学生面对那些浩瀚的哲学、社会学名著，认识那些名家，都是从语录开始的。不接触他们是遗憾，整本书阅读显然力不从心。许多名著，都是大师终生追求、精心打造的成果。主观上没有高高在上，而客观上却给人高不可攀的感受。也有人戏说："上帝的声音牧师懂，牧师投入上帝的怀抱，自言自语，忘记了观众，这样的作品你还指望它们通俗易懂？"语录体阅读，是中小学生挑战名著阅读的一种方法。不要强求学生读到深层，我们不妨实际一些。我们成年人学术研究一定要精确，而对于学生的挑战精神如果用精确来要求，容易毁灭他们的好奇心、探索心。我们以专家的眼光来衡量中学生，弄不好是在抹杀他们的挑战精神。再说，直接呈现最高要求，那也是教育惰性。

语录体阅读的另一个特点是自由、轻便。阅读时由段归结成句，甚至归结为几个关键词语，让概念浓缩成精华，供自己运用，思维便能轻松地进行。到写作时，将语录融入新的意义之中，又将意义扩大。更重要的是将句子融进自己的思想感情，形成独到的见解。在这个过程中，悄悄地完成了貌似对名家的挑战。

也因为自由、轻便，人们经常用语录体阅读来休闲。所谓休闲，就是慢生活。如上所述，阅读是信息接收，高强度、深度的信息每天都会在挑战性阅读中进入我们的视野，让我们与时代同步。从某种角度上讲，没有挑战性阅读就是慢生活。慢生活就是把大量信息拒之门外，也把大量对世界的探究欲望熄灭。这是对外界丰富多彩生活的否定（或必要否定）。快节奏的本质是希望多获取。每天读几句诗，一杯茶，一本书。没有明确的目标要求，让生活"有聊"，称之为"赋闲读诗书"。这是用阅读调节生活，抗拒衰老。

旧书是老友——翻看 20 世纪 80 年代旧书的感慨

江富军

周末宅家，理一理旧书，如会老友，感慨起来，就想对中学生说道一番。

20 世纪 80 年代美学热，年轻的我也蹭得一些热度，买得一些美学书。比如蒋孔阳等 10 位美学家合写的《美学十论》，1984 年上海人民出版社出版；王朝闻的《审美谈》，厚厚的砖头书，1984 年人民出版社出版；《西方美学家论美和美感》，1980 年商务印书馆出版；还有劳承万的《审美中介论》，属于《文艺探索书系》，上海文艺出版社出版。其实，还是曹利华的《美学基础知识》等书让我收获多，在这些书中我接触到美感"移情说""孤立说""心理距离说""直觉说"，自然美、社会美、艺术美等美学名词。

那时热的还有心理学、哲学等等，看看书架上，有《梦的解析》《荣格心理学入门》《逃避自由》《从动物快感到人的美感》《自卑与超越》《诗化哲学》《小逻辑》《作为意志与表象的世界》《悲剧的诞生》，还有《马克思恩格斯选集（四卷）》等。这些都是当时尽我的眼界和财力，咬紧牙关买下的。也咬紧牙关啃一番，却总是脑中一团浆糊，翻过几下就摆书架上了。现在浆糊依旧，居然也很珍惜，还会开卷读读，长点见识，多点谈资。虽有附庸风雅之嫌，却也让自己保持着阅读追求与思考方向。真要我读完每本书，不现实，尽管自己经常冒出通读藏书的念头。

这些旧书是我的老友，也是导师，亦师亦友，哲人引路，让我一辈子追随。

时令文学与通俗读物我们能读懂，其中的生活经验、情感描述、心理分析让我们有很多共鸣。人们称 20 世纪 80 年代为黄金时期，正值青年的我们，对什么都有兴趣。从 20 世纪 70 年代开始到 80 年代的伤痕文学、反思文学、朦胧诗、先锋文学、西方现代派文学；刘心武的《班主任》、蒋子龙的《乔厂长上任记》、张贤亮的《男人的一半是女人》、张炜的《古船》、李存葆的《高山下的花环》、张洁的《沉重的翅膀》、戴厚英的《人啊人》、老鬼的《血色黄昏》……我们仿佛什么都愿意读。三毛的、琼瑶的、席慕容的、金庸的，都翻了一些。没有任何人强迫我，完全是兴趣。青春热情，思考民族、国家、人性、阶级性，世界向我们打开。我们正在迷茫与冲动之中、向往与惶恐之间，徘徊与进取交织，豪情与卑微混合。思考与行动的矛盾，探索奋斗与躺平享乐的选择，都在折腾着我们的青春。那时买了不少有关人际交往、洞察心灵的书，可能已说明自己困惑于不善交际。"唯因不被承认，才格外勇敢真诚"，舒婷的诗好像说出了我的心理不适状态。看了马斯洛的《自我实现的人》，心灵震动，仿佛看透了自己，发现了自我实现的需要。现在想来，还不是换个角度自恋。当然，再换个角度，不自恋又怎样？

这些旧书如大哥大姐，打开我的视野，伴我认识世界，让我的心与时代脉搏一起跳动，走向前方。

　　青年追求爱情，喜欢文化浪漫。那时流行《西方爱情诗选》，1981年由漓江出版社出版。从裴多菲的"生命诚可贵，爱情价值更高"，到马克思的《致燕妮》，再到海涅、普希金，用诗情连接青春，让自己"时尚"起来，"高雅"起来。吟诵着拜伦的诗："我要依偎那松开的鬓发，每一阵爱琴海的风都追逐着它。"一会儿又读起歌德的《少年维特之烦恼》："青年男子谁个不善钟情，妙龄女郎谁个不善怀春。这是人性中的至洁至纯，为什么此中有惨痛飞迸。"用诗情抚平激情，算是心理疗愈，那时大家也不知道阅读疗法这个概念。而读着易洪斌的《美·审美·爱情审美》（1987 年吉林文史出版社出版）、庄志民的《审美心理的奥秘》（1983年上海人民出版社出版，属于"青年之友丛书"），试图在通俗美学中解释爱情，回答自己。

　　再就是读曹明华的《一个女大学生手记》（1986 年上海文艺出版社出版），一时间我们青年热衷于谈论。那时的大学生是"天之骄子""上帝的宠儿"，何况是珍稀的"女大学生"，高贵、优雅、细腻、文静等等，让我们好奇欣赏。从版权页上看，从 1986 年出版到 1987 年，两年就印刷了 50 万册，这放现在是大印数了。定价 0.5 元，属于五角丛书，薄薄的小 16 开，一辑一辑的。后来随着物价上涨定价也高起来，涨到了 0.65元、0.8 元、0.9 元等，但名称还是五角丛书。我的书架上有 18 册，如《台湾当代爱情诗选》《人性的优点》《命运五部曲》等等，都是一些可口的话题，切中青春、时代、世界。搜索一下得知："十几年间共出版了普及本 150 种，总发行量逾 1500 万册，成为出版社的看家书。""该书主编何承伟回忆道：'当时这套丛书在社会上反响非常好，不仅因为便宜，还因为它的短小、精湛，薄薄的一本册子就可以满足普通读者的阅读需求。'"

我对这些小书往往一夜看完，看得激情澎湃、思绪万千、爱不释手。

这些旧书如我的"闺蜜"，贴心暖心，我看得如痴如醉。看到书上留下的一点批注勾画，就如一次温暖的谈话，一段心灵感悟的旅程。

买书总在月初发工资时，掏空我们穷青年的腰包，却支撑起阅读兴趣。自由读书，尽自己财力买书，让书籍丰富自己的生活，解释自己的疑惑，这可以说是当年我们的必然选择。没有网络，没有更好的娱乐活动，阅读至少是反抗单调、拒绝沉沦的方式之一。当时做着文学梦，梦没有实现，却滋养了阅读与青春。

借书是最矛盾的。理到一本《蒋孔阳美学思想研究》，1987 年辽宁人民出版社出版，属于"当代中国美学思想研究丛书"。这套书有李泽厚、蔡仪、宗白华、朱光潜、王朝闻、高尔泰等美学思想的介绍。记得那时买了三五本，现在只剩下蒋孔阳与朱光潜的两本了。回忆起来，几次搬家、调动，书也散落了不少。比如李泽厚的《美的历程》、劳伦斯的《虹》《恋爱中的女人》、西蒙波娃的《第二性女人》等书，都是现在重新买的。还记得《虹》《恋爱中的女人》这两本书是借给一位朋友，朋友给他妻子看，后来他们离婚了，书归入其妻的财产没要回。后来在打折书店看到《恋爱中的女人》，折扣低，就买了两套。大概想着谁要借，就借他一套，现在这两套还摆在架上。

散落的书肯定不只这些，有的忘记了。

再看到几本旧书上印着朋友的印，是借的，没还。以后要联系他们。记得有一次我对一位朋友说："你的那本《二十世纪西方文论》还在我这里，要还给你。"哪知我这位企业家朋友说："如在我这里早就没了，你继续保存。"这话让我五味杂陈，想起当年我们一起办文学社的朋友们，因文学缘聚，因生活各人走过各自的路，现在都老了。

看着这一架子 20 世纪 80 年代的旧书，定价在几毛到几元之间，现在还保存着，色泽黯淡、书边泛黄，有的还包着书皮，有的书脊开裂、封面脱落，老了。

书越旧越宝贵，太破不得不扔掉，很无奈的。先是搬到储藏室暂存，后来总有一番告别的痛苦。

当时书少，不断看，倍觉亲切。有时翻得嵌在旧书里的购书发票，看到当时的书店盖章，还看到居然有粮票、车票，更感叹岁月匆匆，更珍惜青春的美好追求。其实我最早买的都是一些"小人书"，小学、中学时反复读。当时每本都能背出故事，现在早已不见。有时记忆一闪、心灵一颤，仿佛想到失散多年的老友，久违的儿时伙伴。

人老了，爱书依旧，这些书也从不嫌弃我。它们旧了，老了，还在伴着我。我的旧书老友们。

有人说痛苦是写作的引擎，我理了理书，感慨一番，心中便释然。记下这些，让现在的中学生看看，希望有借鉴作用。

与游戏比较，聊聊阅读的 3 个层次

江富军

近来有家长问我，暑期孩子在家，怎样让他们不打游戏，少打游戏。对这个问题我没有标准答案，以下我的回答可供参考。

（长长的暑期，确实是阅读的好时光。有足够的时间可读一部部长篇，就像进行一次次长途旅游，良好的阅读习惯可在此形成。而暑期也是打游戏的好时光，平时没时间、没条件，久而久之，坏习惯也会在此形成。）

那我们就与游戏比较，聊聊阅读的 3 个层次吧。

游戏层次

阅读也如游戏。

比如读小说，很像一种游戏。游戏中有这样的镜头：拿着枪，"呼呼呼"地扫，充满痛快感。

这种痛快感反复出现，刺激神经系统，形成条件反射，让人上瘾。

看电影、读小说也一样，看到英雄战斗，最终战胜了敌人，也有一种痛快感，也在机枪扫射的描述中获得痛快感。

其实，读书上瘾也是这种痛快感反复刺激的结果。

这是感受上的相同相近点。

从这个角度上讲，读书与游戏两者都在假想敌面前战斗，产生胜利感。

胜利感让自己充满了自我肯定、自我膨胀、心理舒坦。这种舒坦加剧了上瘾。

两者"打"的都不是真人。打真人就不是游戏了，那是犯罪。因此，阅读如游戏，都是虚拟的。

（游戏是虚拟的，因此能反复自我肯定、自我膨胀，终致上瘾。）

无论游戏中扮演的攻关高手，还是读《西游记》时把自己想象成孙悟空，都以痛快为目的。

痛快、愉快与虚拟、假想是阅读与游戏两者的共同出发点。

但它们走向了不同的方向。

思考层次

游戏更吸引人、更过瘾的原因是，游戏通过参与、影响、改变结局。一关又一关挑战下去，亢奋起来，游戏的导向是下沉的。

不断地下沉，不断地让自己沉溺，就叫不能自拔。心理问题往往是长期抵抗不了这些诱惑而产生的。

　　而阅读是改变不了结局的，读者无法参与，至少无法直接参与。你希望主角生活美好，可主角就是受苦难。你无法改变，无法参与。

　　正因无法参与，就会让自己进一步想象各种结局。假设自己参与其中，进而产生了创造美好世界的冲动。

　　换句话说，阅读因无法参与，或无法直接参与，而指向了心理的力量。思考就在顽强的美好向往中开始。

　　（希望宝玉与黛玉结婚，可宝玉就是与宝钗结婚，后来又出家做和尚去了；希望梁山好汉坚持下去，可就是被招安了；希望蜀国诸葛亮取胜，偏偏他命殒五丈原，魏国就是强大。）

　　（下沉指向局部）思考指向关联的事物，指向广阔空间，指向整体与核心。

　　不断地思考，让自己站到高处看问题，让自己理性地看到整个世界。这是阅读的作用，尤其是经典名著阅读。经历虚拟世界，观察现实社会，形成自己的价值判断与兴趣点。

　　（唐明皇后期太腐败了，所以有了安史之乱。如果我当时在朝廷就会改变这种状况。）

　　比如，读《西游记》时我想做这几件事。

　　很想自己打妖怪；很想把孙悟空头上的紧箍咒摘下来；也想变成一只蜜蜂，钻进妖怪肚子里疼死他；也想亲手拧着猪八戒的耳朵惩罚他、教导他。

　　这些都不可能，我无法改变他们的结局，不像打游戏。

　　但思考不会因为不可能而停止。

　　我在思考：怎样让唐僧学会判断，怎样让妖怪生病投降，世界上有没有、有多少唐僧那样的"傻子"？可能有的是猪八戒那样的懒汉。（联系到生活现象。）

我也会是猪八戒那样的懒汉吗？（进入自我反省，审视自己。）我居然也想做做妖怪，尝尝无拘无束的滋味，至少能变来变去、自由自在。

也产生疑惑，孙悟空为什么不背着唐僧到西天？一拳能被打倒的唐僧，为什么是师父，而武功高强的孙悟空等为什么是徒弟？（进入问题思考，分析社会现象、人际关系。）

这些问题我问了自己几十年，还是没有标准答案。现在写成一篇短文章，也收在《阅读引领未来》一书中。下面我们还会继续说这篇短文。

（就是写成了文章，也还没有标准答案，往后还可能推翻自己的答案。）

没有标准答案，我还在思考。正因为没有标准答案，才经得起长久的思考。

我们应当揪住某些问题不放，面对世界有疑问，记下自己的思考。这样，我们也是参与者。这可称为问题阅读。

这些思考开始了，问题一个接着一个，游戏的念头就会消失，至少程度减轻。因为游戏确实太狭隘了，太局限了。

人，在向更高层次迈进时，才有安全感。

更高的是精神层次。

阅读，学会思考是精神的萌芽。

精神层次

下面聊聊阅读与成长。

成长分三方面：身体的、技能的、精神的。

身体是物质性的，是最自然的。吃下食物、长高身体、运动健身等等。

技能是掌握物质的本领，如种田，如造房子，是维持生存的。

两者处于物质的生存层面。

物质追求层面还处于动物性生存层面。

定位在动物层，就不用思考生命意义了。

物质的对立面是精神，阅读指向精神，复杂的精神活动是人类特有的。（动物有简单的精神活动，如猴子会围着死去的老猴子转几圈，哀号着将之下葬。）

没有精神的人，就只剩吃喝玩乐。打游戏式的下沉生活就是这样，下沉，不断下沉。

阅读也是人类的特有行为，并且随着文盲的消除，成为人的普遍行为。

而不断思考的人，便有了精神基础。精神往往在思考辨别中产生。思考辨别的工具是语言，是听说，是阅读与写作。不断思考，对语言（工具）就有感情了。

我们不妨简单地描述一番。

人刚生下来时不是人，是动物。

人是活着活着成为人的。（存在主义认为，存在先于本质。我们是先有人的肉体，人的本质是尊严，是劳动，是理想与精神，这些都是活着活着才拥有的。）

比如小孩子慢慢有了羞耻感。

比如思考我是谁，我从哪里来，我到哪里去。精神是从不断思考自己开始的，思考自己与世界的关系，或者是从自我迷茫开始的。

迷茫往往是从自己的小秘密开始的，或者叫小问题开始的。

有了秘密，不想告诉父母，也不愿告诉老师，告诉同学也只说一部分。

于是有了隐私，更加迷茫、痛苦，就去寻找书籍阅读。（最贴身的小棉袄也有不告诉父母的小秘密，是人都会有小秘密。）

迷于游戏就是拒绝思考而下沉。爱思考者拒绝游戏，用阅读深入角角落落去探索，看看别人怎么生活，以解答心中的疑问。（比如看看宝玉怎么生活，看看简·爱怎么生活，看看《复活》中的玛丝洛娃怎么生活，看看《巴黎圣母院》中的艾丝美拉达怎么生活、敲钟人加西莫多怎么生活。我们拿这些来解释自己的生活世界，解释小秘密，向往未来世界。尽管这些没有一定的标准，却能不同程度地减轻迷茫，生活因此而丰富。）

睁眼看世界、审视自我，才会有迷茫，我要怎么办？

思考、迷茫、痛苦、有问题，都是精神的出发点。

低下头玩游戏，仿佛没迷茫了，游戏止痛，也让精神止步。

从这个角度上讲，深度阅读就是秘密交流。

阅读、突围，解释世界、豁然开朗，痛苦变为痛快、愉快。好像终于认识了自己、世界，产生兴奋体验、高峰体验、长久的愉快体验。

阅读趣味就在于这种痛快、愉快的体验不断在反复中加强。阅读上瘾。

人是活着活着成为人的，活出精神的。

这就需要经常阅读来提升精神层次，做正方向运动。

我们来看看精神内容。

黑格尔说，精神的3个重要支点是：宗教的、哲学的、艺术的。

当然，自己的事业、职业、成果，也可作为支点。（比如自己从事的职业，时间长了就有感情了；自己辛辛苦苦地建造的房子，寄托了自己的精神与价值。）

最基本的精神是自尊，职业就是用自食其力让自己有尊严。

高层次的精神众说纷纭。

宗教让精神寄托在天堂。

哲学让精神寄托在探索，如马克思以揭示人类发展历史规律、探索美好社会为最高价值。

艺术让精神寄托在美的追求，如音乐家以进入他们的音乐境界为最高价值。

文学是语言艺术，是基础艺术。读写一体，寄托着我们的精神。

"一个人的精神发育史就是阅读史。"朱永新教授说。

"一本书必须是一把能劈开我们心中冰封的大海的斧子。"作家卡夫卡说。冰封的大海就是精神的海洋。

我在拙著《阅读引领未来》中这样写道："现在敬佩唐僧，胸怀大志，不辱使命，一路向西，宁可倒在取经的路上，倒在追求真理的路上。人生短暂，精神永恒。现在明白，如果唐僧贪财好色，就会失去人气，就会没有耐力，就会半途而废。严于律己，不断励志，不玩术，走正道，这才是人生成功之道。团队如此，组织如此，历史与现实都如此。"

这是我的认识。

就是说："唐僧是精神师父，是孙悟空等人的教父，是精神领袖。"

进入精神境界后，那些电子游戏之类的小玩意儿，根本不在眼里。

很难想象唐僧会玩电子游戏入迷，更多的可能是猪八戒低头玩游戏，孙悟空拧着他的耳朵。

我们都在精神之路上行走着，不断迷茫，不断探索。

阅读与游戏差不多，都有虚拟性质，都有痛快体验。但阅读让人认识世界，让人思考探索，充满精神追求。

因此，我们的阅读理念是：阅读，永远的好奇，永恒的探索。

博览群书是王道——速读、泛读与愉快阅读

江富军

各位同学，各位书友：大家好！

谢谢大家百忙之中来参加我们的暑期阅读推广活动。

今天我依旧要与大家聊聊阅读。

聊聊"博览群书：速读、泛读与愉快阅读"的话题。先说明一下，我这里聊的是课外阅读，如果与你们的老师观点有冲突，按你们老师的来。

很多工作需要快速阅读

有一位同学对我诉苦，说她的讲话速度过快，估计每分钟不少于四五百字。读书速度也很快，一本小说一夜看完了。她经常被家长、老师提醒：书要慢慢读，话要慢慢说。她问我："怎样让速度慢下来？"

我说："为什么要慢下来？讲话速度快，阅读速度快，是好事。"

我举了几个例子。

浙江电视台主持人舒中胜，他主持一档新闻评论节目，叫《新闻深呼吸》。他讲话速度比新闻联播主播快多了，听着如机关枪。有激情，人们给他一个绰号"舒口水"。

我经常与同学聊天。面对讲话过慢的同学，我只能说我的大部分时间都在期待他快点吐出下一个字。相反，听这位女同学讲话，我感觉到叙事的节奏、频率带来的愉快。

舒中胜曾说他每天要读5万字的新闻内容。如果他没这么快的阅读速度，怎么能统揽新闻内容，选出重点，再精读评论？（主持人）

现在大家考公务员，法官、检察官是热门岗位。而他们面对一大堆卷宗，要在一夜之内读完，没有速读能力，简直无法展开工作。（公务员）

作为编辑，通常阅读速度很快。尤其是小说类编辑，有的领导要求一天之内读完20多万字的长篇，做出用不用的判断意见。（编辑）

快速阅读：浏览、略读、跳读

不仅报纸要浏览，很多书也一样。

我当年读书时听老师的话：书要逐字逐句地读，不能一目十行，不能囫囵吞枣，要读原著，要有头有尾地整本书阅读。因而压力山大。面对这么多书，感觉自己太渺小无能了。再被那些神童传说所困扰，什么过目不忘，什么少年已读万卷书，什么出口成章。一度，面对书海，我的阅读信心没有了。

对《西游记》我是跳读的。当时面对许多生字就悄悄地跳过去。四大名著，都是这样看完的。对西方文学名著中大段大段的心理描写、外貌描写，当时也是这么浏览过去的。

但我不想把这种阅读状态告诉老师。一直以来，我认为自己这么跳读是不严肃的学习态度，好像自己干了坏事，不敢高声张扬。

直到我读到英国大作家毛姆的话："如果聪明的读者能够学会跳读这一实用的技巧，那么他就能在阅读中获得最大的乐趣。"我才松了口气，而且他说："我可以同时读3本书。"他不但上下跳，而且从这本书跳到那本书，这更为我"不严肃的学习态度"提供了心理支撑。记得还有学者说："一本书可以从中间开始读。"

不切实际让自己愉快阅读

跳读、略读获得最大的乐趣，这点我们好像有体会。

从精读角度讲，这是不对的。课内阅读的方向首先是求精，当然不排斥博。而课外阅读大部分不要求精读，不能把课外阅读课内化。课外阅读的方向首先是博，当然也不排斥精。课外阅读精起来比课内阅读更精，如暑期可读某小说五遍十遍，反复查阅相关资料。写一篇书评，可以十次百次修改，这是极致的精读，是课外阅读个性化特点所能达到的。课内阅读以共性化为主，无法满足个人独特的需要。

当时我读《西游记》真的很快乐，看到孙悟空打败了妖精很舒畅。包括读《三国演义》《水浒传》都让我有舒畅感。在阅读中我快速地勾勒故事、人物，我读得很愉快。我不切实际地想，我自己就是孙悟空，保护唐僧，棒打妖怪，主持正义。更有成就感的是还能拧着猪八戒的耳朵。

我们要实事求是。几十万字的《西游记》，如果一个个生字查过去，要几个月甚至一两年，书读完了，却没有阅读的流畅感、愉快感了。

记得年轻时看过不少杂志，《收获》《十月》《江南》《芙蓉》，一个人，一壶茶，台灯下，一本杂志十几万字，一夜工夫就浏览完了。张贤亮、陈忠实、莫言、路遥等作家都是那时接触到的。还有当时的《读者》《中国青年》《知音》等青春杂志，也是一晚一本，很享受地浏览完。

罗曼·罗兰曾说："读书就是读自己。"我想象自己就是插队的知青，与一帮青年在一起，爱恨情仇，后来功成名就。把自己代入的感觉真有味。

我那时年轻，以为自己了不起，好像知道得很多，与朋友们聊起文学作品时，我都能附和着分析一番。那时做着文学梦，指点江山，激扬文字，充满自信地生活着。有点狂，忘乎所以的。不只我一人，同时做梦的一帮年轻人，自诩天才，在虚荣心下，在错觉中，继续读书，互相较劲。沾了一点墨水就飘飘然，读了几句 ABC 就感觉自己赶上国际潮流了。恰恰是这种不切实际，让自己处于"博闻的愉快感"中，这种追梦与"错觉"鼓舞着自己继续阅读。

好在当时没人批评我。一群文艺青年互相支持着、自大着，将"错觉"进行到底。

现在，文学家没做成，阅读与写作的习惯却坚持了下来，受益不少。

因此，有人说，年轻人犯错误，上帝都会原谅。我可以反过来说，年轻人没有一点错误，年轻人完全切合实际，上帝也不高兴。

当然，我明白自己读书不多，但深知博览群书是王道。

快速阅读、略读、浏览，能博览群书。

速读：自我原型与描述对象之间愉快来回

有时候切不切实际很难说，哪个少年没有一点浪漫的回忆？

先来说说蚯蚓课的故事。

两堂蚯蚓课，一堂是背出了什么是蚯蚓。蚯蚓又名地龙，是环节动物门寡毛纲的陆栖无脊椎动物。同学们考试全得了 100 分。另一堂是同学们玩蚯蚓，触摸过后，知道是臭的，知道它黏糊糊的，会饶手，明白蚯蚓在土中怎么钻。但没背过答案，同学们测试只得了 60 分。而以后成为蚯蚓学家、动物学家的往往是后者，因为后者会快速唤起原型，引起亲切的回忆，即在蚯蚓这个词语与蚯蚓原型之间愉快地来回切换。

一位中医药专家说，让自己变成中药，才能研究中药。

那么，让自己变成蚯蚓，才能研究蚯蚓。

我们再来说说路遥的《平凡的世界》。那天有位老师聊到一位初中生已经看了八遍，把每个细节都记住了。学业繁忙也不影响他阅读，课内课外两不误。为什么？因为他认为自己就是孙少平或孙少安，把自己当成原型代入，每个故事都渗入了自己的喜怒哀乐，是自我人设与作品故事的互相印证，愉快地、投入地、深度融合地阅读。孙少平、孙少安，已经成了生活道路的参照系，让自己构建出"自我原型"，以此规划人生道路。

好多女同学喜欢李清照，喜欢简·爱，喜欢安娜，乐趣无穷。喜欢读三毛的女同学，多少人内心变成了三毛？高度喜欢让语句描述出的情景与自己设想的情景巧妙对应，让书本内容整句整段地反映在脑中。速读就是水到渠成的事。

生活中越积极地构建"自我原型"，阅读中就越能切入对象，兴趣就越浓厚。

20 世纪七八十年代的我，给我一部琼瑶小说，我一天看完。现在给我一部琼瑶小说，我一个月也看不完。为什么？描述对象已无法与"自我原型"形成联系了。我已经是过来人了，那些少男少女的爱情故事已经感动不了我了。如果我看一部琼瑶小说，哭得伤心淋漓，人们会问，这位老先生怎么啦？

博览群书的"上位"与"下位"——中学生要翻一翻《资本论》

针对普通读物，可以快速浏览。针对深度读物呢，可以翻一翻，长长见识。

一位中层领导对我说："你在中学图书馆书架上摆《资本论》，学生能看懂吗？"我回答："不仅学生看不懂，我也看不懂。但书架上的书就要摆着，让他们翻翻，这就是《资本论》《小逻辑》《纯粹理性批判》，翻了读不懂的书，长点见识，也是阅读。"

通常我们对这类书的阅读体验是：每个字都认识，就是意思不懂。这与读文言文正好相反，后者大都在文字障碍。识字障碍全部消除了，阅读的准确理解、深度理解才刚开始。

因此，读书不一定选全懂的。如果必须要全懂，就会挑浅的书读，薄的书读，也不见得全懂。我鼓励大家去图书馆翻翻这些哲学、社会学、经济学名著，"不懂装懂"地读。

一位朋友与我们聊阅读体会时说："小时候爸爸教书忙，自己去上课了，就把她带到图书馆。"一个小女孩看到了尼采、叔本华，看到了海子、芒克、北岛，什么也不懂。后来她到高中，看到这些熟悉的名字，就对现代哲学、诗歌有了兴趣。她先于同学一步知道，接触得早，也是阅读让自己得到远距离的呼应。

博览群书是王道。博，就要接触各种各样的书，也要接触深度的书，不一定读完。泛读，形成知识结构，认知体系最重要。

不要问读没读完《资本论》，要问读没读过《资本论》。如前所述，"博闻的愉快感"会产生智慧美这种很重要的美感心理，推进自己的阅读。

博览群书的"上位"与"下位"——读了不该读的书怎么办？

泛读、博览群书，也会带来一种不安全感，家长、老师容易担心读了不良书籍。

我说只要自己意识到不良，读了也没事。博览其实就是读得杂，杂就会有不良、无聊的内容在其中。而正因为杂，这少量的内容，会被大量的优秀内容屏蔽。

好多同学在小学、初中时读过不少网络流行小说，问我这些该不该读，读了怎么办。我说不提倡，但如果已经读了一两本也无妨，不要有思想负担。辩证地讲，读过了反而知道那些没用的书籍长什么样。

不良的、仅仅图刺激的无聊内容，难免偶尔浏览，浏览过后即扔掉。还有许多没用的知识，阅读需要做减法，才能宏观把握。

不同的读物有不同的市场，它们都有存在的理由。

而我们怎样克制自己呢？

试想想，如果自己拍拍脑袋就能想得出故事情节的，以及那种作者自己都不知道明天要写什么，靠点击率指明写作方向的，为什么还要读？这正如叔本华说的，自己的大脑成了别人的跑马场。

如果还是要阅读也没关系，就当自己参加了一个饭局聊了一晚上天。愿意在这个层面阅读，"消费"时间，就像手机里的一堆笑话，一笑了之。关键是这些阅读不作为主体存在就行，要做个阅读的明白人。"我的时间我做主。"10 本书只有 1 本是无聊的，问题不大。如果反过来，9 本是无聊的，那就要考虑自己的方向问题了。

年轻人博览群书是王道，读得杂才好。看了无聊的书扔掉就好，主动否定。阅读没有那么神秘。如果有感想就拿笔写点出来，或加以批判。此时无聊读物的反面价值也就出现了，这是最重要的。

动笔摘评与编书是博览群书的重要方法

人往高处走，水往低处流。

能管住自己的只能是自己，让自己向精神高地迈进。

动笔点评，读写一体，是课外阅读很重要的方法，也是让博览群书不碎片化的重要法宝。

另一种动笔是编书。即做好文摘，形成问题导向，按照自己的问题归类，做些点评，编写出几本书。

文摘是应对读不懂的哲学、社会学名著的最好方法。

文摘的本质是重读。编书的本质是更有效地重读。

可以主题先行。先确定好自己的主题，再按照主题选择书本，可以同时读三五本书。有些书读若干章节就行，不一定读完。只要能在同一主题中寻找出材料就行，尤其是文史类的、散文类的。可以按主题分类，剪辑成册，让自己拥有一个个小体系，形成自己的专题空间。这是课外阅读自由选择的结果，即找到自己兴趣发展的方向，让爱好与阅读同步。

还有一种就是先不确定主题，先阅读，做文摘。在做的过程中慢慢有了眉目，就会分类，形成主题。

因此，博览群书的最好方式就是形成自己的文摘内容、问题导向、知识结构，编成书形成自己个性化的认知体系。而这个小体系在扩展的过程中，又会被重新推倒，不断地否定、解构、重建，精神随之呈螺旋式上升。正如朱永新教授说的："一个人的阅读史就是精神发育史。"

博览群书是王道，博览群书才能让自己站到高处看世界。

长长暑期读出"问题"

江富军

暑期生活即将开始，长长的，同学们都该有自己的小小计划、打算，以发展自己，也能免于溺网。在此，我还是想聊聊读书。

还是从一位清华大学本、硕、博连读毕业的同学说起。在清华读了10年书，毕业时30岁，现在某大公司工作，年薪自然不少。其母亲是我朋友，也是语文教师，她总结说儿子能坚持到30岁毕业，得益于少时的广泛阅读。其中一条很重要的经验是：哪怕儿子买了书后读了二三十页就放一边了，母亲也很满足。因为家境困难，父亲念叨着浪费钱，母亲却坚持看几页也不错的读书理念。她说："相比补课，买书便宜多了。"她说儿子博士毕业论文是双 A，如今在公司上班，工作强度大，还不断有论文发表，这些都与他少时的阅读积累有关。

很多家长说，孩子这本没读完就买另一本，不节约，也如小猫钓鱼不专一。在这些似是而非的道理上，家长说得头头是道，我们还是要从阅读角度看看，具体分析孩子的感受。

买书是爱书的表现，适度的占有欲有利于兴趣激发与基本的知识积累。藏书家是深度爱书的。有人问："家里的书都读完了吗？"藏书家回答："这是嫌主人家书太少了。"藏书就没打算读完，就是为了翻一翻长长见识，为了一种获得感、价值感，或者就是享受这种书籍的氛围，保持阅读的冲动。对书籍与知识的无限喜爱与尊重，是典型的藏书心理。中学生买书以阅读为起点，转为适度收藏时，就会伴有一种精神在成长、飞跃。

当然，中学生要选买，一本一本地买，反对批发式地买。一次性十百千本地买，那对所买之书是没有感情的。知识有积累的规则，无法"暴富"，包括能力，如理解力、注意力、记忆力都是长期训练出来的，是"渐进"的，不可能一蹴而就。"知识暴富"的观念是不科学的。

现在大谈的整本书阅读，还没有确切的定义。字面意思是整本读完、完整理解、深度理解等等。提法要理性些，过高要求对说一是一的同学，是沉重的负担。那些面对任何高头大话都无动于衷者反而"自在"，而读书人恰恰最需要说一是一的求是态度。整本书阅读，全读原著，逐字逐句地读，是一种变相的精读能力要求。自然，按照这样的要求，买书数量肯定多不了，也构不成阅读氛围。

博览群书是年轻人的读书王道。很多书读几个章节就可以了，只要不是专业主攻的书。如很多散文集、短篇小说集，如诗歌，不用强求整本读完。如哲学、社会学著作，中学生应该接触却因理解力没到位而读不完，需要借助语录体、语段阅读、篇章阅读等实际的方式。成年人过分强调整本书阅读，孩子们在选择时会避开那些深度的书、厚度的书。长期处于浅阅读状态，恰恰是阅读的桎梏。而过于严格规定要读什么书，又不符合课外阅读的特点，会影响阅读个性的形成。

　　读出问题才是最重要的。孩子在阅读中积累的问题越多，论题越丰富，将来发出的力量就越大。

　　从买书的一条经验说起。面对书海，看到马克思、海德格尔、鲁迅、胡适、周国平、邓晓芒等作者，就可以买。而看到一些普通作者，就需要判断了。如果这本书的内容来自作者的博士论文、硕士论文，再经过 10 年、20 年后又修订出版，这本书是有质量的、实在的。研究生的论题应该是自己终生萦绕的，好像自己的一个朋友，相濡以沫，滋养成长，成为自己的精神港湾。如美学家金雅教授，其博士研究课题为梁启超的趣味美，由此出发，延伸到朱光潜的情趣美、丰子恺的真率美、宗白华的哲诗美，还有王国维的境界美、儿童美育等，中西合璧，独创人生艺术化理论。

　　很多同学到大学后才发现属于自己的话题太少了，论文选题无从下手，原因在中小学。需要在少儿时发现问题、找到话题，广泛深入地思考。中小学生处于身体变化阶段，刚刚开眼看世界，接触一些新鲜的事物，好奇让思维十分活跃。理想世界、现实世界、未来世界、过去世界不断交织，他们有的是不满与困惑、疑问与激情，他们容易形成问题，更需要书本世界为之导航。哲学家莱布尼兹认为灵魂是内在的，生活只是契机。那么，阅读就是寻找灵魂与外界之间的沟通点。广泛涉猎、寻找才能发现自己真正的兴趣点，进而在大学里成为自己的论题。在此，我们太需要查找式阅读，即就某一问题翻开四五本书，找到相应的资料。像作家毛姆等都提到过同时读几本书的经验，美国作家莫提默·J.艾德勒的《如何阅读一本书》中也突出检视阅读。

　　查找资料能力恰恰是应试教育下学生最缺乏的。我们有的是现成的资料，题目是老师出的，老师的题目是教材体系中的。长期被动地做题，容易忽略自己的兴趣点，无法形成自己个性化的知识小体系。一花一世界，一人一体系，个人体系或大或小，不断发展。阅读学习就是体系不断交流的过程。查资料先要自己心中有问题。读书时，能在貌似碎片化的信息海洋中找到自己的东西，形成感兴趣的问题，进而形成自己的小体系，再去选购书籍。学到老，买到老，像我们，明知读不完，也买来让自己翻翻查查，以解惑明理。很多书就做资料用，乐在其中。

关于少儿阅读与大学论题的直接联系，很难描述。据《求知·养气·战斗》记述，1898 年，16 岁的鲁迅考入江南陆师学堂，读着《时务报》《昌言报》《申报》《苏报》等，自己还买了《天演论》《民约论》《群学肄言》《法意》《穆勒名学》等新书来阅读。金庸在中学时写了《虬髯客传的考证和欣赏》，大仲马 10 岁读《圣经》，萨特 12 岁宣布自己将来要考哲学博士。博览群书给自己的格局提高了站位，让自己观察世界，话题让灵魂得到滋养。

中学生喜欢讨论一些话题，抽象思维开始成熟。找到了对世界不一样的感觉，他们需要用哲理解释自己的内心疑惑。我们不妨选列一些哲理论题。

1. 一次旅行，是目的地选择重要，还是旅伴选择重要？试论述。

2. 赫拉克利特说："人不能两次踏入同一条河流，太阳每一天都是新的。"所罗门王说："已有之事后必再有，已行之事后必再行，日光之下并无新事。"你赞成哪一种观点？或者阐释一下，也可表达自己的观点。

3. 西方有一句谚语："金钱是战争的肌肉。"（《现代的历程》）对此，你有什么想法？

4."知行合一"这 4 个字，王阳明终生说之不厌。一部《王文成公全书》，其实不过是这 4 个字的注脚。今把这么多话头分成三组，每组选出几句简要的话做代表。

第一组："未有知行者，知而不知只是未知。"(《传习录·徐爱记》)

第二组："知是行的主意，行是知的功夫。知是行之始，行是知之成。"（同上）

第三组："知行原是两个字说一个功夫，知之真切笃实处便是行，行之明觉精察处便是知。"(《文集·答友人问》)

请同学们查查资料，谈谈自己对知行合一的理解。

5.试论当前是社会问题校园化，还是校园问题社会化，或者兼而有之。

6.上帝有了新规定：人类永生。请你描述生活模式的变化。

7.邓晓芒："人生的意义就是为人生找意义。"你认为呢？

8.学习的本质还是否定自己，成长即不满足于现有水平。你认为这话有道理吗？

9.罗素在《权力论》中说："追求荣誉是人类权力欲的源头之一。"你怎样理解？

10.我们的情绪被微信（社交平台）垄断了吗？请描述这种现象。

11."偏见是思想的放假。"钱锺书说。你认为呢？

12.从众心理是一种自我保护。你认为有道理吗？

这些都是中学生喜欢讨论的哲理话题，还有其他文史类、青春爱情类话题，都可以让他们高谈阔论。它们源于日常生活与阅读的结合，直击生活现象，有亲切感，充满思考与哲理。没有标准答案，重在自由发挥，查找资料进而佐证与探索。中小学时有没有这些思考，对生活的影响是很大的。说到底还是人生问题，也可归结到阅读方法，一体两面，而求真与体验是重要法则。

记得小时候我们曾对"避暑"一词很反感，大热天，农民们都要下田，有些人要避暑，谁来割稻？这种享受要不得。曾思考"君子远庖厨，凡有血气之类，弗身践也"，那样全是君子了，谁能吃到猪肉？这些质朴的思考，自然能直逼问题。现在，我还常常涌起当时的激情，影响着我心中的价值判断。有些问题真找不到标准答案。现在想想，回味这些认识过程，真是有趣。陶行知先生说："千教万教教人求真，千学万学学做真人。"钱穆先生说："做人的最高基础在求学，求学的最高旨趣在做人。"立德树人、读书求真，对世界的探索也支撑起自己的精神世界。

大可不必在茫茫书海前有压力，让自己感受阅读的氛围，形成价值趋向。不妨围绕自己最关心的问题，选买几本自己喜欢的书，翻一翻，读读写写。不在于有没有读完，而在于有没有问题，有多少问题。同样，不在于你考上哪所大学，是什么学历，而在于你有没有学力，有没有兴趣。

平时太忙，学业太紧。趁着长长的暑期，让我们深入阅读与生活。

设立读报课，让知识有温度

江富军

近日，我们发现有些学校没有把班级订阅的报纸发到学生手头，好多班级报柜堆得满满的。让学生每天定时拿报纸，闲暇时翻翻报纸，这是很简单的事，为什么好多班级做不到？

有说作业来不及做的，怕分散精力的，有些班级借故忽略这项工作。也有学生感觉报纸内容不怎么样，没意义。

笔者以为，中学生读读报纸，很有意义。这要从知识结构说起。

除了专业性外，日常阅读的报纸，其特点是时令性与地方性。我们同学课内读到的是"旧知识"，报纸中读到的是时令知识，地方报读到的是地方性的知识，几方面阅读相结合，能让知识活起来。与图书不一样，报纸内容很难全面系统，时令信息总会零碎化，却是有温度的。大家不断否定碎片阅读，我认为关键在于处理信息，在于有没有建立自己的系统将碎片归类，把无关信息摒弃。年轻人应该接触"各种味道"的信息，处处有兴趣，才能热爱生活。因此我们说中学生博览群书是王道，这"群书"也应当包括报纸、杂志。

如今大部分中小学因为拒绝低俗信息、碎片信息而不让学生带手机，这样一来信息渠道较为单一，住校学生与社会严重"隔离"。诚然，有些学生认为报纸内容不怎么样，又因为报纸重视宣传、强化正面报道，提不起兴趣，尤其是地方报纸。这一点，报纸不同于网络，网络八卦容易让人提起兴趣。他们引导的不是思考探索，而是猎奇与欲望。报纸信息经过编辑选择，既健康又有温度，这是良莠不齐的信息世界中报纸存在的重要理由。老师适度地加以引导、评论，其信息就会充满活力与意义。这对学生认识社会很有益处。只接收教材信息，每天刷题，知识越来越"冷"，心态也随之冷漠了。这也是目前心理焦虑增多的原因之一。

认识世界应该从地方开始。如前所述，与长期积淀的经典书籍相比，报纸难免粗疏一些，但地方文化得用地方报纸表达，地方上不断发生的值得体验的事，由当地报纸传达。距离越近，体验性越强。有的作家以童年家乡为思维原型，不断创作，就是因为少儿在体验实践中不断积累的、原生态的地方经验发挥了重要作用。新课标要求在情景与实践中学习语文，实践让知识有温度。以时文为主体的报纸阅读恰恰是最重要的语言运用环境，何况高考中的文综类题目就离不开这些内容。

阅读当代，认识现世，是我们走向历史、走向哲学、走向自然科学的起点。信息量的减少容易导致知识老化，既然如此，我们为什么不让学生接触时代呢？不要怕因接触复杂信息而变坏，因信息太多而浪费时间。可怕的是没有鉴别力，无法辨别将来更复杂的环境，从而走弯路，浪费更多的时间。

说到浪费时间，作业来不及做，得从时间分配上说。有效、高效的学习才是最重要的。一张一弛是文武之道，整天上课写作业，得不到积极休息，就会徘徊于知识能力的低层次。实践性带来的高峰体验对学习是很重要的，这不仅在知识层面、能力层面，更在于不断的高峰体验能增强学习兴趣与人生信心。为此，就得重视心理节奏，合理安排时间，深入体验时代与地方。因此经常进行体育活动，经常课外阅读，经常开展社团活动，经常搞社会调查，让学生精神强大，精力充沛，进而认识社会，正确预设自己，进行生涯规划，到高三就能更好地应试。从学习方法上讲，高才生总是从高效学习中来的，总是抓住自学环节。

为此，我们应该重视学生的报纸阅读。班级设立报纸角，校园设立阅报栏，课程重设读报课，形成爱翻报纸的好习惯，让知识有温度、有活力。

如今正值订报季，好怀念当年的订报氛围。挑选、期待，以及斟酌零花钱够不够订报买书等等，都给我们留下美好的阅读回忆。感慨于当时慢节奏的阅读生态，还记得在报刊亭买一张报纸回家后，这一晚上的满足感。历历在目，恍如昨日。

从人生论美学角度看主题阅读与编书

江富军

中学生用阅读来认识世界、认识自己，结合生活实际形成理想。而现实中阅读与生活关联度不够，导致阅读的主动性不强，阅读美趣不够。课内阅读太重视技能，零打碎敲，课文离学生生活不够贴近。课外阅读规定读名著，整本书阅读，主动性受限制，而放任阅读容易使学生耽于通俗流行读物。

笔者以为，主题阅读是很好的阅读模式，为此想到了以下几点。

重视主题阅读，问题导向阅读

中学生在成长阶段有迷茫，问题往往很多。在认识世界的过程中，他们会在主观性的理想世界与客观性的现实世界之间进行比较，在心理上形成冲突、逆反，构成问题。问题与成长紧密相关，这个问题明白了，下个问题就来了。相近、相关、相似的，连续出现，与青少年相伴。问题包括对世界的看法、对人生的看法、对自己的看法、对未来的看法，以及对自然的看法等方面。在老师与家长那里找不到答案，有些问题本身没有答案，或没有标准答案。通过阅读，明白一点，继续向前探索一步。

有的书比较厚，读完有难度，可以先翻看翻看，不急。《历史研究》有十几卷，我们成年人也没读完，但这不妨碍我们向学生推荐。现在太强调整本书阅读，学生容易挑浅层次的读，回避深度。如有学生买了黑格尔的《精神哲学》、弗洛依德的《梦的解析》，还有好多学生看阿德勒的《自卑与超越》、马斯洛的《自我实现的人》。他们关注精神现象，观察社会问题，研究心理问题，不满足于家长、老师给的现成的答案，不满足于通俗读物鸡汤式的表述，想循着问题进入深度阅读。青年热情似火，初生牛犊不怕虎。明知他们很难读完，也要鼓励他们先买。也实事求是地告知他们，好多书我们也没有看完，这有助于他们的自信心与长久的坚持。保护这种阅读热情、问题热情，就是保护生活热情，积极的、主动的阅读能激发生活热情。

重视阅读文摘，形成主题书单

阅读深入下去就会循着主题、问题找到书单。主题书单很重要，是知识框架。主题向同类发展，或相反方向、相近方向转换都可以，形成查找能力。我们注重整本书阅读，同时不能忽略查找能力的培养。查找能力是将来很重要的阅读能力。知识查找能力首先是总体俯瞰知识的能力，这些能力在实体图书馆培养最好，那里有最直观的情景感受。此外，还可以通过网络渠道进行查找。

我们习惯于知识送上门，被动接收。刷题模式就是等待问题找上门。而自己主动查找资料（包括网络资料）必先选题，选题要在自己的爱好、特长与社会需要之间达成平衡。选题确定后，找到一组书单或文章，摘录下来或拍照扫描，分门别类、分层组合，形成自己感兴趣的主题、专题，这就是编书。这种编书其实还是阅读，是主观性很强的阅读。加上编者按，点评感悟；再加上前言、后记，就是编写，进入写作了。主题阅读、采编，是能动的思维行为，是读者主动地把自己的思维与作者的思维进行碰撞的过程，是主体的读者框架与客体的作家框架互相交织的过程。阅读的主动性最重要，最主动的阅读就是读写一体的编写。我们有学生曾经编过《战争的另一面》《宗教叙事》《微表情》《文摘的触觉》《嗨，图书馆》《香霭》等，在编书的过程中眼界开阔了、思路打开了，越编越有成就感。

重视美趣阅读

养成阅读习惯需要坚持，而不断享受读书的乐趣才是持久阅读的保证。怎样让自己"悦读"，越读越有兴趣？

兴趣离不开美的支撑。阅读能力最重要的是词语与生活原型之间的转换能力，包括转换速度与准确度。阅读速度的本质是能否快速处理信息的能力。阅读需要时快时慢。速读很重要，能不能在精读疲倦时或时间不允许时，快速浏览知其大概。阅读与写作是用语言文字符号来概括、反映世界的能力。如小孩子说出狗时，已经不需要出现狗头、狗皮、狗腿等具体的东西。把这些综合出来产生狗这个概念时，孩子已经完成了一次飞跃。对世界用意识的方式、语言符号的方式去交流、去把握，速度不知道增加多少倍。这是很有乐趣的一件事，从这个角度上说，阅读与写作是在精神上享受自己与世界发生能动关系的"践行"。

此时不要太急于把具象的事物填入，而要充分地享受这种乐趣，愉快的情绪有利于将来阅读的转换速度与准确度。亚里斯多德在《形而上学》开篇就说："求知是人的本性。"一个孩子用语言表达诉求、描述生活，用语言撬动世界、组装故事，用语言看到世界复杂多变的故事，是很有成就感、愉快感的。有时幻想自己口若悬河、舌战群儒，临场却词穷了，有一天突然感受到语言中的愁味，体会到自己成长了，于是"为赋新词强说愁"。接着爱上一些哲理句子，写出自己的美句，朗诵着，得意着，向同学们展示，或抄写好珍藏于自己的书页间。这些美滋滋的语言融进了自己人生成长的喜悦、惊异、好奇中，才能让自己"悦读"，越读越有兴趣。阅读使人生艺术化，阅读是积极地享受人生。

主体实践论是李泽厚的美学观，他认为美是积淀形成的。"抽象形式中有内容，感官感受中有观念……这正是美和审美在对象和主体两方面的共同特点。这个共同特点便是积淀：内容积淀为形式，想象、观念积淀为感受。"我们阅读中的语言美感来自历史积淀，也来自个人经验积淀。换一种说法，所谓读书美容可理解为美感积淀说。在此，我们引入人生论美学指导阅读，发挥阅读在建构人生中的作用。著名人生论美学家金雅在她的《人生论美学与中国美学的学派建设》中，分析了人生论美学的 4 个维度：人文性维度、开放性维度、实践性维度、诗意性维度。在实践维度中，她说："人生论美学的视野不限于艺术，也不限于生活，而是与文化、哲学、伦理、心理、生态、教育等交糅，直接探入了人的生活、生命、心灵的建设、涵育、提升的广阔、丰富、多样的领域，将知、情、意统一的美学理论命题落实于行，以'践行'来'移人'。"这就要求阅读主体参与生活，用阅读发现、欣赏人生大美，让自己的生活与作家的精神向度共鸣。

编书具有实践开放的特点，是主观的、主动的、个性的、差异性的、独特的美，也具有人文积淀的诗意美。阅读活动强度取决于主体主动性的发挥程度。如果生活艺术化是顽强地追求生活乐趣，那么人生艺术化是面对人生积极用艺术创造意义。如许多女孩子读《红楼梦》，把自己投射进去，获得体验乐趣，再运用哲学、历史等知识深入理解生命，建构自己的诗意人生。也有许多男孩读《西游记》，想象自己变成孙悟空，获得生活的乐趣，进入浪漫人生，驰骋天地宇宙。由此，我们再回到问题导向、主题阅读，编书让我们进入更高的层面观照人生，兴趣盎然地建构人生，也让人生充满美趣，回馈写作。

从人生论美学角度看 2022 年浙江高考作文题

江富军

以下为 2022 年浙江卷高考作文题。

阅读下面文字，根据要求作文。

近年来，浙江省着力强化创新驱动，深入实施人才强省、创新强省首位战略等人才工程，全省高质量发展水平持续提升。

新时代浙江青年，在各行各业、不同领域开拓创新。如 95 后姑娘徐枫灿，在空军航空大学刻苦训练、满分通过考核，成为我国陆军首位初放单飞的女飞行员；90 后青年工人杨杰，从一名普通的学徒工成长为"浙江工匠"，获得浙江省劳动模范称号；之江实验室智能超算研究中心团队，35 岁以下成员占比近 9 成，勇闯国内智能超算领域"无人区"，斩获超算应用领域的国际最高奖项——戈登贝尔奖……

以上材料对你未来发展有什么启示？请写一篇文章。

【注意】①角度自选，立意自定，题目自拟。②明确文体，不得写成诗歌。③不得少于 800 字。④不得抄袭、套作。

读报与时代通气

面对今年的浙江高考作文，多读报纸的同学得益多。从题目看，分两方面理解：一是新时代重视人才、重视创新，浙江出台了一系列高效的人才政策；二是在这个政策下，涌现了各种行业、不同领域的人才。报纸、电视不断地宣传这些正能量，以鼓舞人心。

浙江是民营企业集中地，既有自然风光，也有行人优先通行等文明规范，还有高科技集聚区，经济领先，宜居宜业，因此吸引大量人才前来创业。

为什么人才来杭州？顺向思维是因为有钱，反向思维是因为有人才。先吸引人才才有经济发展，相辅相成。"鲲鹏行动""高层次人才特殊支持计划""151 人才计划"等，浙江各地在吸引人才上各显诚意，形成重视文化知识的良好氛围。

多读报纸，接收这些有益信息，感受时代气息，就会热情奔涌，中学生会为自己将成为其中一员而对人生充满向往。总之，有新闻接触习惯的同学，容易融入时代、拥抱世界。

首要的问题是立人

近几年来，人生论美学引起了广泛的关注。中国美学界从 20 世纪 50

年代讨论美是客观还是主观开始，经历了实践论、认识论，到生活美学、生态美学、生命美学、意象美学等，不断吸收、借鉴中西美学成果。2017年前后，浙江理工大学美学中心金雅教授发起了多次全国性的人生论美学讨论，提出了构建中国特色美学理论体系和话语体系的构想。著名美学家汝信先生说："怎样使人生论美学适应新时代并得到进一步健康发展，真正成为一种中国化、时代化和大众化的美学理论，这是我们面临的一项新的重要研究课题。"

人生论美学，涵括了现代美学的人生关怀与中国传统文化的人生精神。首要的问题是立人。这是对时代问题的回应，是对偏航的流俗美的矫正，是对心灵鸡汤文化的扬弃与大众文化的提升。这不是拿高位概念装饰，而是从中国实际出发，让美学回归人生本体，步入"人民对美好生活的追求"之中。

对中小学生来说，在基本解决温饱的今天，渲染苦难教育的手法难以奏效。欲望激发诱惑的励志成功学实际是降格，是把自己作为工具，用心灵鸡汤把自己对象化了。中学生思考存在意义容易契合虚无主义。消费主义的生活现实下怀疑上升，道德的界限难以划定幸福感。人是目的，却找不到自己了。人作为一个整体，被碎片化、内卷化割裂，重合的难度不是几天、几月能完成的，有的甚至终生留有裂痕。

金雅教授认为："人生论美学视野中的人，是扬弃了感性与理性、生理和精神、个体和社会的分裂的活生生的完整的人。"也就是作文题中合乎社会与自身，在个人奋斗与社会需要之间找到平衡点的人；是在"各行各业、不同领域开拓创新"，找到自身价值的人。

知情意行的实践本体

活着就是不断地与环境互相作用，生命就在于实现过程达到的存在意义。人生论美学把整个人生作为创美审美的对象，倡导在人生实践中成就真善美的贯通，"强调人生美的创造与欣赏的统一，追求人自我的美成"。知求真，情求美，意求善。中学生知世界、知人生、知自我，也知未来。而其知有限，尤其是未来对大家来说都充满了不确定因素，也因为不确定才有了探索的冲动与美好的向往。知有限才有行的乐趣，才有情感的起伏与志向的展示。知情意落实到行之中，首先是求真。实践是对知的验证、补充与完善，而实践本体就是目的的存在，是美的价值的存在。

换个角度说，个体不仅作为个体独立，而且能与整体发生联系才叫独立。弄潮儿是配得上潮水的人，潮水与弄潮儿互相对立又互相肯定，时势造英雄与英雄造时势互为因果。我们需要的恰恰是一种美学意义上的幸福感，而不是占有欲的扩张。是用对象肯定生命、肯定自我，而不是被覆盖。如梁启超先生所言："只有秉持不有之为的生命实践精神，才能实现生命之'责任'与'兴味'的统一，生命主体和外部环境的和媾。"

有人对宏大叙事持异议，认为所有的善都要落实到个体才是真善。如果说国家政策工程是宏大叙事，那么，落实到个体上的吸引人才一定是具体的行，是"人为目的"的理念表征。成才固然有英雄主义的成功学影子，但上文列举的3个例子都不是纸上谈兵，都是人生价值的践行，都是具体知情意行的综合结果。也如前所述，其中充满不确定因素，探索的乐趣正是在此。真正的自由在于责任与承担。只有让自己的脉搏与这个时代、这个世界的脉搏一起跳动，才算真正的成长，才具有真正的价值。当然，这也是自主选择的，自主的才能体现积极的生活态度。

创设美的对象引领自己

美的追求在于创造一个对象。知情意行合成整体，从世界到自身，形成一种美感、一种预设，激发自己追求，这应该是人生规划的重要内容。

国之本在人才，人才之本在青年，青年之本在创新。新在于行，行出真知，行指向未来的职业。

平时对职业多思考，对现实生活多分析，对未来、对理想有信心的中学生，能给自己一个正向的精神面貌。多读报纸，思维触觉灵敏，青年可以高谈阔论、纵横八极，可以"逆反"。经过这种观点交流的"逆反"，能平安地"回到现实"，往往能"得高分"，往往能在将来工作中顺利地"行"。

"美是人的本质力量的感性显现。"马克思说。生命的价值在于创造，创造把幸福最大化。读着报，关注着现实，向往着未来。中学生站在高处，内心涌起一种汇入洪流的激动。在这座城市中，我将成为其中一员，我将在此生活、成长，在此成家、立业，在此奋斗。我要让自己学得"武艺"，在这片土地上施展。这是一幅多么美丽的图景。

当然，不一定成为企业家、科学家，不一定当大官、成大款。事实上，这图景产生的主宰感、抱负感，是超越了成败的。有必要以审美的眼光规划未来。只要在各行各业实实在在地干，就是实践者的姿态。

践行者，不畏道路艰难，热爱生活，百折不挠。时代在召唤，青春在闪光。身后是前辈的期许，前头是热腾腾的生活。钱塘江欢迎你，西子湖拥抱你。从美学角度上讲，这是一种人生论实践美，生命找到了价值点，就会有预设的成就在前头，向自己招手。主体创设美的对象引领自己，既积极乐观，又脚踏实地。这是一种把生活与对象联结的冲动，美的，合目的、合规律的，是人的力量的感性显现，或许这就是找到了理想。

有温度的知识让写作充满热情

江富军

2018 年高考作文对哪些同学有利？

2018 年浙江省高考作文题如下。

浙江大地，历史上孕育过务实、知行合一、经世致用等思想，今天又形成了"干在实处、灿烂走在前列、勇立潮头"的浙江精神。

在与时俱进的浙江文化滋养下，代代浙江人书写了一个又一个浙江故事，创造了一个又一个浙江传奇。

作为浙江学子，站在人生新起点，你有怎样的体验和思考？结合上述材料，写一篇文章。

【注意】①角度自选，立意自定，题目自拟。②明确文体，不得写成诗歌。③不得少于 800 字。④不得抄袭、套作。

作文在审题上没有多少难处。写自己在人生起点上的体验与思考，结合浙江精神，准备怎么干，怎么从实事干起、从小事干起，让自己敢于创造，把个人情怀与家国情怀统一起来。考试时可以将审题转化为关键词——实干，小事，敢为人先（开拓创新），我的理想、我的梦，浙江（中华）精神等。

作文题难在材料，难在平时的眼界、积累、体验与思考。如果问这样的高考题对哪些同学有利，很明显偏向于地方文化知识的积累者。我罗列以下几点。

1. 对多看报纸、关注新闻的同学有利。平时看些报纸、对着新闻频道谈论时事的同学，会多有积累。很多新闻是鲜活的作文材料，报道时总会将道理与细节一起描述。比如前不久李书福就写自己从放牛娃成长为企业家的经历，比如宗庆后在《朗读者》中讲述自己不乱花钱的细节，还有马云在创业时敢为人先的精神。放眼浙江，乃至全国，会有更多的企业家故事与实干精神。

有人说教师把新闻综合起来整理给大家就好了，学习这么紧，学生哪有时间翻看报纸。这是不对的。因为新闻是有温度的，自己关注的、经过互相评论的新闻，与自己的思考融合，就会有新闻热情。我看到好多给中学生阅读的新闻摘录，他们把东西归纳得好好的，有条有理，有理论延伸，有故事连接。但面对这样的知识材料，大家往往缺少了热情。新闻的时效性是一种知识热情，知识热情是写作的重要基点。

然而为什么要读报纸？手机里也有新闻，而且更及时、更有热情，网络新闻热情高涨时是可以灼人的。可是这种热情处于感性状态，以博取眼球为目的，这一点报纸、杂志是有所坚守的，应当是有情怀的。

现在我们每班都有几份报纸，同学们不妨翻看翻看。这不是可有可无的，这是校园与社会的联系点。

2. 关注地方文化。我们尤其要关注地方报纸、地方杂志。一个人与世界的联系，首先是家乡。家乡是认识世界的基础。我们本地有多少人，主要产业是什么，人文有什么特点；本地有哪些历史故事，哪些历史名人，哪些宗族，哪些山川风景；本地现在有哪些名人，有哪些值得自己关注、研究的现象，这些都会在地方报中出现。好多同学没看过地方志，有些对学校的历史不了解，岂不知身边的知识是有温度的，不去关注是一种知识结构的不完整。

这些年，地方文化研究结合传统文化研究，形成一股热潮。学校选修课都强调地方文化进校园，然而当实际行动起来时，有些教师认为作用不大，有些家长居然认为会影响高考而反对。殊不知，地方文化知识最有热情，最能达到知行合一、经世致用的境界——让书本知识与体验结合。再多说一句，图书馆、实验室是让同学们感到温暖的地方，可以消化课堂学到的东西，进行知识迁移，让知识活用起来。

党的十九大以来，好多乡村有了文化礼堂。文化礼堂是一笔很丰富的地方文化财富。一个人与父母联系、与家族联系、与地方联系，然后才会有具体的家国情怀，达到家国情怀与个人情怀的统一。我们广泛建立博物馆的目的也在于此，文化大省要靠文化设施把学生引向历史体验与思考。

3. 关注企业文化。一个个浙江故事、浙江传奇，都是浙商艰苦创业、造福社会的结果，都在我们身边发生着。这些身边事，有板有眼；这些实干家，从小事做起，让青少年激情澎湃。企业家是社会的宝贝。他们集中各种资源，承担各种风险，创造产品，创造就业机会，让社会得益。他们真的干在实处、走在前列、勇立潮头，这次作文题就是让学子站在高考起跑线上，以浙商为榜样，思考自己的人生道路，体会家国情怀。这种作文导向，是在高扬积极入世与热情创造的生活情怀。

4. 主题阅读。中学是一个人成长的关键阶段，课外阅读必须进行。朱永新教授说："一个人的阅读史就是他的精神发育史。"有家长说中学忙，高考要紧，有同学说他们大学里再补，这是不行的。中学是了解世界与自己的开端，这时最好奇、最有热情，也就是说这时得到的知识是最有温度的。就好像让我们成年人再去看少男少女的爱情故事，没有多少新奇感，而少时，一本小说可以通宵看完。这就是说，阅读应顺着中学生的成长，顺着他们的好奇心，让他们形成自己的阅读主题，形成主题书单或主题文摘，用一个个书架或文件夹来分类。爱情主题、才女主题、书法主题、地方文化主题、企业家主题、科技主题。如果有浙商主题，书架上就会有《浙江模式与地方政府创新》《浙江发生了什么》《浙商是怎样炼成的》《宁波商帮》《温州商人》《从大历史看企业家》《商道中国》等，还有胡雪岩、马云等企业家传记。中学生关注这些主题，结合主题思考自己将来做什么，就容易形成理想目标。

主题阅读既是在阅读积累基础上的总结，也能以此开启新一轮阅读，给自己一个方向。这是主动阅读的重要内容，写作一定是主动阅读的产物。因为是自主选择的，其选择的内容一定会带有热情。而顺着主题不断扩展，其知识既有温度，又不会浮躁。写作不是知识越多越好，有温度的知识、带着体验与思考的知识，才是写作的源泉。

中学生写作目的与精神享受

江富军

中学生为什么写作？此处指的不是教师布置的作文，不是为了分数，而是中学生自发的写作，包括日记、书信、小评论，尤其是文学创作。这就要联系到作家为什么写作？作家是特殊的群体，他们直接创造精神产品，他们常谈论自己为什么写作、为什么做作家的话题，答案五花八门、丰富多彩。这些回答可作为中学生写作目的、动机的参考。我们要关注更多没有成为作家，仅仅是坚持写作的爱好者，用文字记录生活，表达思想感情的意义何在？有的写写博客文章，发发公众号，找微信好友交流，尽管仅仅是兴趣爱好，缺少权威，传播也不广，但更能体现写作的意义，切入写作的本质。

我们不妨把指向目的的间接兴趣与对本身的直接兴趣结合起来，综合思考，以观察中学生写作现象、讨论中学生写作意义与引导方法。

要说服人、感动人，先说服自己、感动自己

中学生写作与成年人一样，有表现自己的目的。表现自己是从人际关系角度分析写作目的，是从语言是交际工具这一角度出发的。论述文以思想说服人，散文、小说以情感动人。大量的作文描述现象、表达感情、展现自我，试图以言语的方式让别人接受。

但论述文首先要说服的是自己，创作先要感动自己，要在自己的内心不断地肯定、否定、再否定，不断扬弃、修正，不断求真。小说、散文创作组成故事，不断回看，在自己认可感动后再拿出来感动别人。这是从语言是思维工具的角度出发的，写作首先还是人与自己内心的对话，还是"自言自语"。

合起来可以说，写作过程是让自己的思想感情成熟的过程，在自己与自己对话、自己与别人对话的过程中成熟。不一定是明白了才写，更多是写了才明白、更明白。作家李唐说："写作于我而言是一种个人情绪的抒发，同时更是对自我的探索，是自己与自己的对话。""在小说的世界中，我寻觅着自己，不受外界打扰，仿佛一个自给自足的精神世界。我在其中游弋，思索，它是只属于我的场域。它使我不至于沉溺在生活的庸常表象中，而是使我得以看清周遭的事物，让我更加清醒。"由此可见，写作是表达，从中小学开始，不断表达就是不断探索世界，"更加清醒"。一位中学生在文章中塑造了父亲的形象，这应该是他自己观察到的父亲形象与自己愿望中的父亲形象的综合。在此，想象力弥补观察力（体验力）的不足，而想象与塑造的美好形象会鼓舞自己自我设计、探索人生。作家狄更斯说，他要努力成为自己作品中的好人，这就是用写作感动自己、引领自己。

作家周国平说："写作是那个内在的精神自我活动。"说服、感动别

人是很好的写作动力，而对于求真者来说，说服自己、感动自己，坚持求索，是更强大的写作动力。

用语言建构精神家园

一个人的写作史也是表达史。朱永新教授说："一个人的阅读史就是精神发育史。"说到底读写一体，写作史（表达史）其实更是精神发育史。中学生通过一篇篇文章的读写，形成自己的思想、感情来建立自己或大或小、或高或低的精神体系，这怕是（阅读）写作的重要意义。

精神的载体很多。黑格尔说艺术、宗教、哲学等都可以成为精神的主要载体。广泛的说，所有生活、自然都可以是人的精神载体。教师以讲台为精神空间，音乐家以乐器为精神符号，农民以菜园为价值体系。而语言因为集经验、符号、情感、智慧等于一体，成为精神必不可少的载体。许多人搬家时家具可扔，却舍不得扔掉自己中小学时写的日记。德国哲学家海德格尔说："语言是存在的家，人活在自己的语言中，人在说话，话在说人。"而同样是德国哲学家的伽达默尔则说："人首先不是使用语言去描述世界的，而是世界体现在语言中，在语言中蕴含人类各种的世界观念和文化建构。"儿童一开始用语言来表达时，明白几个词汇就能轻松地把世界摆在自己面前，思维力强大起来，感觉自己非常有能耐，成长的喜悦促使自己不断说话、不断尝试。教育家杜威认为："愉悦的目标指引着学生前进。"到小学二三年级，词汇量积累得差不多了，孩子感觉自己已经切入了世界，自发地明确自己喜欢什么、坚守什么。可以说，精神开始萌芽。到中学后，读到大量作品，明白语言精细地承载着不同的文化。随着身体发育成熟，已经开始明白孩提时无法明白的微妙，也大致明白了成年人世界的结构，此时精神开始发育成长。美国作家迈克尔·赫尔说："我从事写作不是为了表现自己，出风头，而是觉得语言很重要。文字可以概括整个世界。事实上人们正用语言来建设一个理想的世界。天堂和语言相连，地狱就是它的糟粕。当我在童年时代，为了掌握自己的命运，成为一个强有力的人，我就渴望写作，渴望能成为一个'海明威式'的作家。"

写作让自己不断探究、求真

与阅读一样，写作的目的也是对世界的探索，是求真，是拯救。法国的杜拉斯说："假使身处一个洞穴之中，身处一个洞穴之底，身处几乎完全的孤独之中，这时，你会发现写作会拯救你。"真正的写作应当源自日记，那种对自己最忠实的记录，坦白地表达自己对世界的初恋，那是能承载所有秘密的朋友。现在的中学生学业紧张，闲暇时间越来越少，这是对精神空间的挤压。而且在应试教育下，难免许多言不由衷的答案强压过来。此时，更需要中学生在日记中倾诉。笔者曾接触过不少心理不顺畅的同学，在疏导时，要求他们记日记，写下自己完全隐私的状态。他们经过写作后，心理自我疏导效果总是不错。作家德勒兹认为，文学的健康作用在于能帮助人在生存困境中发现一个出口、一条逃亡路线、一个医治创伤的途径。阅读疗法与写作疗法原理共通，都是重建内心秩序的过程。这是一个浩大的工程，中学生养成每天写几句内心话的习惯后，就会心旷神怡、精神舒畅。人们难免郁闷，关键是有没有通道。英国剧作家格林厄姆·格林说："写作是由不得我的事。好比我长了一个疖子，不等疖子熟，就非得把脓挤出来不可。"心病还需心药治，解开心结还得靠自己。疼痛是难免的，这正如白岩松所说的，痛并快乐着。

探究应当是终生的，从中学开始，这是中学生写作对未来生命的重要意义。求真是生命的价值体现，求真才能质朴，才能有善与美相随。白俄罗斯女作家阿列克谢耶维奇说："我不是为了获得诺贝尔奖而写作，我写作是因为我想知道我们是谁，我们的生活为什么是这个样子？为什么生活常常是丑陋的，而不是尽可能好？我们一定要和人们谈论他们心中承载的是什么，这让我们更加接近真相。"谁也没有把握自己以后能不能得诺贝尔奖，而写作的目的不是成为作家，人生最重要的意义就是探索。写作是寻找，写作是突围，生命的本质就是个体不断地与环境（对象）发生作用，就是探索。可以反过来说，在人与外界的陌生对峙中，写作就是用语言抗衡，把握精神世界。

写作是美与精神的享受，让人热爱生活

写作是幸福的、美好的，是用美来拯救自己。作家毛姆说："世界只能靠美来拯救，而写作就是创造美，那么这句话是否可以换成写作可以拯救世界呢？"文学是现实世界之外的想象世界，是人们共同构建的避难所。小说创作就是有一个美好的场所、人物，由我们编织出故事。毛姆主张享受阅读，写作也一样。如果写作不是享受，谁愿意坚持这么久？写作爱好者不断地自言自语，明白自己写作不能成名成家，只是兴趣，那不是美好吸引是什么？许多中学生写小说，把自己写哭了，这就是先感动自己，这种"哭的享受"也是入戏的表现。他们不仅从中掌握了阅读要领，也明白

了人世间的恩恩怨怨，更深度地体会了曲曲折折的感情天地。作家余华说："写作可以使我的人生变得更加完整。""自己有两条人生道路，一条是虚构的，越来越宽广丰富，一条是现实的，人生道路越来越单调。生活中有很多不能表达出来的欲望可以在写作中实现，因此觉得写作有助于身心健康。这是我写了20年的体会。"

写作是对生命的尊重与享受。博尔赫斯说："我写作，不是为了名声，也不是为了特定的读者，我写作是为了光阴流逝使我心安。"同样，如果不享受生命，就是对生命的不尊重。人活着是为了享受，精神享受是快乐，更是幸福，是相对恒久的享受。吃一顿饭是物质享受，在物质基本满足的情况下，吃什么不重要，关键是与谁一起吃。好友亲朋相聚，边吃边聊天，听听故事，说说心里话，是语言美的享受、精神的享受。把这些记下来，将来能经常回味，则为自己的生命预设了幸福感，铺垫出更多的精神丝缕。精神享受才是人生最重要的享受。从童年开始，享受自然，享受读写，享受精神拔节成长的快乐幸福。

莫言说："当年，想当作家的原因很简单，就是一天三顿都能吃到饺子。"作家阎连科说："为了实现一个人有一天可以独自吃一盘炒鸡蛋的梦想，才决定开始写作。"这是老牌作家们孩提时物质困乏下的简单愿望，也是大作家的自嘲或矫情，这些话因为有趣味而传得广。杜威认为，教育即生活。少儿有他们的生活，他们在应试以外应该有自己的世界。阿根廷作家西尔维亚·奥坎波说："写作是为了使他人爱我，爱我认为应该热爱的东西，不忘记世界上之要事——友谊、爱情、智慧和艺术。"这可以解释为用写作来热爱生活。德国作家乌尔里希·普伦多夫说："写作可以使人摆脱孤独，可以同周围的人们接触，也可以使人自得其乐，我本人就乐在其中。"这是用写作来抗拒庸俗。无论何种写作，都是入世的。写作的快乐是用语言描述、解释世界的快乐，是组建精神空间的快乐。一个人要追求自身价值、生活质量，更重要的是精神质量，这是一个人对世界的切入深度。

中学生应多写时评

江富军

学习写作与所有教育目的一样，都是为了学生成长。成长分为身体、技能与精神三方面。从语言是交际工具的角度看，写作是一种表达手段，是与人沟通用的。写文章时往往有假想的读者，包括假想敌，写好论述文要说服读者，写好散文、小说要感染读者，写好说明文要让读者明白说明对象，这些都是技能的掌握（成长）。而语言又是思维的工具，那么，写作就是用语言让自己的思想感情明确的过程。读写一体，阅读与写作一样，都是靠语言支撑，认识自己、认识世界，形成自我，创化出自己的思想感情，组建自己的精神体系。朱永新教授说一个人的阅读史就是精神发育史，而写作史（表达史）其实更是精神发育成长史。因而，学习写作既是技能掌握，又是精神成长，二者密不可分。

"文章合为时而著。"时评是与生活最切近的写作文体之一，实践性较强。时评写作，是写作中的轻骑兵，是学生打开世界的窗口，更是精神发育成长最基本又最有效的途径。

新闻兴趣是基础

时评就是对新闻或社会现象发表自己的看法，篇幅短小，道理切近。对新闻感兴趣是时评写作的主要动力。相比文学阅读、科技阅读、历史阅读、哲学阅读等等，新闻阅读是源头阅读、基础阅读。

信息接收有两个维度：一个是刺激自己，另一个是关心他人。一个婴儿关心不了他人，床是他的全部，他只关心能刺激他的食物与玩具。当他有了行动力的时候，就会关心房间、院子、街道，一切与他有关的、无关的，只要他目力所及，都充满了好奇。直到用语言交流来接收复杂信息，此时他的人际感受力与自然感受力都达到了一定水平，他有了推己及人的同情心，能将新闻（信息）刺激与关心他人之间协调平衡，这种新闻兴趣是健康成长的标志。新闻是公共性的，换句话说，一个少年长期不关注新闻，就是没有公共性的视角；对他人不关心，缺少基本的文化能力，说白了，就是精神没同步成长。有人称时评为"个人化的公共写作"，确实有理。有人说："不关心政治（新闻）的人，你很难相信他的人品。"这话有些极端，却也有一定的道理。

新闻是现实世界的最初反映，新闻通向历史。克罗齐说："一切真历史都是现实的。"可以说是新闻激活了历史，在现实的疑惑处，历史开始了它的脚步；在现实的迷茫处，哲学与宗教开启了，文学开启了。

中学生认识现实世界，除了实际生活中的自然观察、人际关系观察外，更多信息是从媒体上得到的，从同学、朋友口中传来的。有人说新闻传播过程会"增值"，就是传播者会加上自己的看法，至少是倾向性的。从美感上讲，这不仅是认知活动，更是情感活动、意志活动，知、情、意合成美的价值。传播本身就是新闻的"价值认可"，传播的兴趣多多少少是"增值"的乐趣。从这个角度上讲，人人都是时评家。有人说评论是新闻的衍生物，是新闻的拓展。其实，这种拓展本身何尝不是新闻的一部分？当然，添油加醋的"增值"是不可取的，求真是新闻的重要原则，这是反"增值"的。但表达观点倾向，广泛联系其他新闻、观点，形成对世界或大或小的体系性的看法，这种"增值"恰恰是新闻兴趣对精神发育成长的价值。

中学生写时评是"入世"之道

写作是语言技能与思想情感的融合。既然要表达观点，观点之间必有同异，会有碰撞。中学生观点的碰撞，促使他们更关心他人，确立建设美好社会的目标，并与自身的价值联系起来，这是理想、志向的开始。在不断的新闻阅读、文学阅读、哲学阅读、历史阅读中，悄悄地，一种人生模型、社会模型、科学模型在学生头脑中盘旋。慢慢地，不断地在自己的内心肯定、否定、再否定，不断扬弃、修正。这种新闻接受脱离了坊间传闻模式，进入反思阶段，形成一个美好社会模式的构想。这构想是老师说的、名人描述的、自己在反复观察与阅读中形成的，以此对现实社会的美丑做出判断。判断力、批判性思维由此而生，这不是简单的否定肯定，而是切合实际的分析推理。当他们把自己的未来投射到这样的想象中，激情澎湃，这种情操体验、高峰体验是最好的自我教育。所以说，时评人的情怀中一定有一个美好世界在呼唤。

中学生关注现实、热情生活，才能在将来充分入世。我们有些学校为高考切断了学生与外界的联系，让热情的青年坐于书斋中，一心只读圣贤书？好像忘了圣贤也强调"风声雨声读书声，声声入耳；国事家事天下事，事事关心"。时评家曹林所著的《时评中国2》的副书名是"用静能量对抗狂热"。时评是理性的坚守，它不是冷嘲热讽，它指向一种积极的建构，是敢言与善言的结合。在褒贬的同时，用乐观的态度来描摹希望，这才是真正的入世，有利于青少年健康成长。

写时评有利于培养独立思考的能力

如前所述，时评能培养一个人的判断力、批判性思维。但批判性思维不能误解为简单的否定，它强调所有的结论都要经过思考，在我国，时评产生于晚清，伴随着报纸盛行起来。梁启超、邵飘萍、邹韬奋、茅盾、胡适、夏衍等，都写有大量时评，他们在自己的学术、文化、政治等领域，坚持独立思考。

时评是一种公民表达，如今大量报纸都开辟了时评栏目，时评呈"井喷"之势，说明公民意识增强。目前，我们的教学中存在太多定势思维，限制了思维的高度、角度，带来信息接受能力的局限，多写时评能有效克服这一弊端。站得高，看得远，时评让人观察整个时代，与时代的脉搏一起跳动。时评就是让学生伸出脖子看看，成为时代的瞭望者。

时评接通的是社会思潮，为中学生将来在社会学、经济学、文化学等学科做好知识储备。只有那些站得高的人，才能坚持长久的独立思考，不会人云亦云，不会被眼前的热闹迷惑。时评，是"理论登山"的基础。经常接触《中国青年报》《中国教育报》的中学生，不仅议论文写得好，而且给人一种指点江山的真成熟感。他们少有小我的烦恼，他们精神抖擞，把自己融入大潮流中，做不了弄潮人也要游泳，做不了领路人也要参与。相比之下，那些站在岸边的出世者，那些心理恔恔然者，价值何在？

写时评是最好的语境运用

时评写作是语言实践的最好途径。

写时评能对时代、社会保持敏感，使内心处于开放与交流的状态。索绪尔说："在任何时候，语言都不能离开社会事实而存在，因为它是一种符号现象。它的社会性质就是它的内在的特性之一。"时评写作对语言的社会性质做充分的发挥，时评语言是有温度的语言。

写作是艺术。但在我们的作文教学，以及相应的语文教学中，把艺术知识化、功利化，太讲究写作技巧而忽略情景。美学讲究知情意，本来偏重美育的语文课，被填鸭式的知识塞入搞得情意颓然，写作成了学生的负担。有些甚至离开求真，言不由衷地滔滔不绝，这对精神成长是不利的，也是语言脱离语境的后果。这样的作文只是语言重复，加上中学生追求语言华丽、夸张，失去了生活语境的根，因此这种表面绚烂的言语，恰恰是冷冰冰的表达。脱离语言实践，容易进入语言游戏。

索绪尔曾借别人的话发问："语言的生命条件究竟是什么？"我们用中国话来回答："知行合一。"时评让写作投入生活，让问题激发热情，在语境中激活语言。在好的时评中，没有多少美得发紫的语句，却是"每个句子都在跳舞"，每个词语都有它的活力。它缘事而发，迅速及时，不避开热点；又不沉溺于热点，有敢言善言的求真态度，有贴近受众的平等姿态。有时叙议结合，有时带有专业化的表达而深入浅出。如语言学家韩礼德说："语言中的'创造性'在于说话者创造新的意义的能力：实现语言将其资源向新的情境语境无限扩展的潜能。"

只有让语言找到语境，才会有"深情"的表达。为了写好时评，写好中学作文，建议中学生建立属于自己的资料体系。可以经常读报纸，浏览网站上的新闻，将这些资料分门别类存入自己的硬盘中，建立资料库。每个周末整理一次，将自己的热情融入其中，一则则材料就会成为鲜活的写作素材。一个个文件夹在整理过程中，就变成一个个主题，最终形成属于自己的观点，形成自己的问题体系。长期关注这些选题，在现实语境中不断摘抄，写点感悟，"养大"这些问题，构成自己的写作语境。如此写作，有感而发，有料可叙，避免无病呻吟的现象，写作实现真情流露。资料库不仅丰富了写作材料，还成为知识美点，让精神得以发育成长。

闲棋碎语

江富军

　　下棋是一项有益的文娱活动，闲暇时下它一两盘，既能丰富人们的业余生活，又能开发心智，陶冶情操。不仅如此，人们还"爱棋及言"，多方引发，从中创造了一系列生动形象的"棋语"，丰富了祖国的语言宝库。

　　1. 由棋的比喻义引发出"棋语"。有人将生活比作一盘棋，有人将工作比作一盘棋。人们在工作、生活中碰到难题，左思右想拿不出主意，正如举起了棋子不知走哪一着好，谓之"举棋不定"。如果碰到对手水平与自己差不多，那叫"棋逢对手"。彼此杀得难解难分，情势危急之中，如果一方"棋高一着"，反下了一着"死棋"，置对方于死地。这些词语中的"棋"，既可以是象棋、围棋、军棋等文娱用具，也可以喻指工作、生活中的某些方面。

　　2. 由下棋规则、习惯为比喻本体引出的比喻义。语言来自生活，当生活经验与下棋规则悄然吻合时，形象生动的"棋语"便出现了。以象棋为例，生活中次要的应服从主要的，战争中的兵卒要有牺牲精神，"千兵易得，一将难求""兵卒保将，义不容辞"，于是就有了"丢卒保车"，同时"炮打顶头卒"，老帅在内围，自然安全，兵卒必须服从命令，勇往直前，所以有"过河卒"为喻，象棋规则中过了河的兵卒只能前进不能后退，战场上的士兵也是如此。"丢卒保车""炮打顶头卒""过河卒"等词语都是融合了生活经验与象棋规则而凝结成的"棋语"。

3.由下棋的思维特性而引发的比喻义。下棋时，必须有"全局观念"，有时送上嘴的棋子也不能吃，要考虑下一步棋，眼前利益要服从长远利益。每出一着都要左右前后顾盼，局部利益要服从整体利益，于是便有了"一盘棋思想"。精辟的棋语源于实践，并经过广大群众智慧的锤炼，句句均有指导行为的深邃内涵。

当然，"棋语"也不止以上这些。全国各地语言工作者"星罗棋布"，早有人"一马当先"，笔者只不过是撷取其中"一兵一卒"，放了个"马后炮"。

倒写相思情更深

江富军

相思之苦，是古典诗歌的一个重要主题。其表现手法也多种多样，有直抒胸臆的、有借物抒情的、有烘云托月的，难以尽举。但是倒写相思不失为一种绝妙的方法，在古诗写作手法中也有一席之地。

所谓倒写相思指自己在抒发思念对方的感情时，却说成对方在思念自己。把主客体进行错位想象，别开生面、拓开意境，以更深刻地表达自己的感情。这并非自作多情，而是感情到了极致的境地，思维进行了逆向运行所产生的抒情效果。杜甫的《月夜》就是一个典型的例子：

今夜鄜州月，闺中只独看。遥怜小儿女，未解忆长安。香雾云鬟湿，清辉玉臂寒。何时倚虚幌，双照泪痕干？

此时杜甫被安禄山叛军俘虏并押解到长安，身陷囹圄。中秋夜思念鄜州的妻子，写下了这首真挚感人、细腻婉转的怀妻之作。诗不写长安月而从鄜州月开始写，设想妻子正在"闺中"一个人望月怀念丈夫。进一步拟想小儿女们不懂得母亲独看明月是因为在思念他们在长安的爸爸。想象妻子的头发被雾沾湿，月光照着她雪白的手臂，由于久望而感到阵阵寒意。一"湿"一"寒"，感受着妻子深深的忆念，实则自己对妻子、儿女们牵肠挂肚。结尾表达了与妻子相见一起赏月时"双照泪痕干"的愿望。整首诗没有一句写自己如何思念，却用倒写相思的曲笔让思念从鄜州飞到长安，明月寄缠绵，情感越天空，显示了大诗人丰富的想象力。

李商隐的想象就更大胆了。他在《夜雨寄北》一诗中，首先就设想妻子问他什么时候能回家："君问归期未有期。"然后就此问回答："巴山夜雨涨秋池。"路途遥远，阴雨绵绵，难以把家还。

像这种一起笔就将思念从彼岸飞来的方法比较少见，而在自己思念起笔再倒写对方相思的情况是比较多见的。比如北宋欧阳修的《踏莎行》：

候馆梅残，溪桥柳细，草薰风暖摇征辔。离愁渐远渐无穷，迢迢不断如春水。

寸寸柔肠，盈盈粉泪，楼高莫近危阑倚。平芜尽处是春山，行人更在春山外。

词人先写自己告别馆驿，在春天里坐着马车，带着离愁上路了。天涯游子，思念家乡、思念妻子，却在下片写成了妻子正紧靠着栏杆，眼含着泪水，望着自己。且又表达了自己对妻子的担忧：楼高危险，不要靠近栏杆。告诉妻子：你望得到的只是春山，我已在春山外的路上了。读来是依依惜别的妻子思念自己，自己又以拳拳之心劝慰妻子保重自己。大胆的想象与细腻的感情融为一体，别情与爱心织为一炉，成为爱的交响。

李商隐不仅以此法怀念妻子，而且用此法怀念亡妻。他的《无题·相见时难别亦难》，前四句写了自己对亡妻的思念，"相见时难别亦难，东风无力百花残。春蚕到死丝方尽，蜡炬成灰泪始干。"接着写亡妻在蓬莱仙岛对自己的思念："晓镜但愁云鬓改，夜吟应觉月光寒。蓬莱此去无多路，青鸟殷勤为探看。"亡妻早晨对镜梳妆，只忧愁容颜憔悴，月下吟诗应当当心寒意入侵。蓬莱与这儿没有多少路，拜托青鸟殷勤地为我传告她要来的消息。如果说相思属于世上活人，那算得情真意切，而死去的亡妻对自己如此深情，且要来探望，简直是"人鬼情未了"。《聊斋》见此，当为之汗颜。

倒写相思不仅用于夫妻之情上，还可用于其他感情。如金朝元好问的《客意》一诗，前两句写"雪屋灯青客枕孤，眼中了了见归途"。在雪花飘飘的夜晚，青灯下照见了归途。"山间儿女应相望，十月初旬得到无？"想象自己家中的儿女们也聚于灯下，盼望着父亲归来，并且计算着归期。王维的《九月九日忆山东兄弟》："独在异乡为异客，每逢佳节倍思亲。遥知兄弟登高处，遍插茱萸少一人。"先从思念亲人入笔，后从兄弟们思念自己结笔，表现了兄弟们登高时因没有作者在而少一人"插茱萸"的遗憾。

倒写相思，想象细节，这是他们共同的特点。上文中杜甫诗的"湿"与"寒"；李商隐诗的"君问归期""青鸟殷勤为探看"；欧阳修的"楼高莫近危阑倚"等等。细节使所写的感情逼真，如韦庄的《浣溪沙·其五》："夜夜相思更漏残，伤心明月凭栏干，想君思我锦衾寒。"开句"思我锦衾寒"展示了夫妻思念时关心冷暖、体贴入微的感情；白居易在《江楼月》中写道："一宵光景潜相忆，两地阴晴远不知。谁料江边怀我夜，正是池畔望君时。"两地相思，远远相隔，不知对方那里天气是阴是晴。你在江边想着我的夜晚，正是我在池畔望着你的时候。同是月夜，一个是"江边"，一个是"池畔"，展示了想象中思念的真实细节。

这些细节，从自己的想象入手，逆向至对方思念自己时的具体情境，惟妙惟肖。与写实细节不同，写实细节属于作者观察细致与否；写虚时，倒写相思时能否突出细节，倒是感情真挚与否的一个标志。虚假夸张的感情是难以进入细节领域的，至多用这种方法点缀自己的文章。因此，倒写相思必须以细节的真实表达其感情的深度，才能达到倒写相思情更深的境界。其实，这种情境是所有恩爱夫妻、手足兄弟、挚爱亲朋所共有的特点。一轮明月，两地相思。唐朝王建的《行见月》诗中有："家人见月望我归，正是道上思家时。"自己行走于月夜归家路上之时，想象家人也在看月盼望我归来。家人或许没有在此时盼归，但必然在彼时曾盼归。诗人的想象代表了一种细节的真实、艺术的真实，但这种真实又根植于生活的真实，是理性的。德国诗人歌德有这样的理论："它（指想象）愈和理性结合，就愈高贵。到了极境，就出现了真正的诗。"虚从实中来，实又化为虚。曲从直中来，直又化为曲。虚实结合，曲直结合，达到了艺术与生活、手法与感情的高度融合。

倒写相思的手法在现代诗歌中也有运用。如现代诗人应修人的《小小儿的请求》："不能求响雷和闪电底归去，只愿雨儿不要来了；不能求雨儿不来，只愿风儿停停吧！再不能停停风儿呢，就请缓和地轻吹；倘然要决意狂吹呢，请不要吹到钱塘江以南。钱塘江以南也不妨，但不吹到我的家乡；还不妨吹到我家，千万请不要吹醒我底妈妈，——我微笑地睡着的妈妈！妈妈醒了，伊底心就会飞到我底船上来，风浪惊痛了伊底心，怕一夜伊也不想再睡了。缩之又缩的这个小小儿的请求，总该许我了，天呀？"

（选自《湖畔》）全诗不说自己思念母亲，而说母亲思念自己，希望母亲不要思念自己。采用顶真的手法，写的是对大自然现象的请求，表现了一个小儿对母亲的爱。可以设想，这么个夜晚，作者是自己思念母亲而睡不着，担心的是母亲因思念自己睡不着，层层推进，感情步步加深。全诗采用倒写相思的手法，平淡中透着新奇，质朴中透着真实，倒写中表达着泣血的爱母之情。

倒写相思的手法在流行歌曲中也常见。《泉水叮咚》就以此法表达一个姑娘对守卫海疆的恋人的思念之情："（泉水）唱着歌儿，弹着琴弦，流向远方。请你告诉我的心上人，不要想我，也不要想家乡，只要他听到这泉水叮咚响，这就是我愿他时刻紧握手中枪。"姑娘自己在思念未婚夫，却要泉水捎去自己的嘱托，叫他不要想我，也不要想家乡，表达了希望他安心"紧握手中枪"的主题。

中国古诗"愁"容满面

江富军

　　我国古代诗人似乎都是"愁"容满面的。诗言志，诗为心声，或许是对现实不满，或许是生活上屡遭挫折，他们总是愁眉不展。中国古诗，集"愁"之大成，留下了不朽的"愁"诗遗产。愁是抽象的，他们是怎样用形象的语言写出抽象的愁，使这些愁的形象活灵活现、跃然纸上的呢？

　　诗人写愁，总是写与愁相关的或与之神似的事物。唐·李颀词："请量东海水，看取清浅愁。"因为写了水，愁有了体积。南唐·后主李煜词："问君能有几多愁，恰似一江春水向东流。"因为写了水，愁是动态的。愁与水很相似，量不完，流不尽。"抽刀断水水更流，举杯消愁愁更愁。"（唐·李白诗）于是，借酒浇愁，愁酒不分家。唐·元结："我持长瓢坐巴邱，酌饮四座以散愁。"然而，消愁谈何容易，愁肠百结。"酒入愁肠，化作相思泪""愁肠已断无由醉，酒未到，先成泪"（宋·范仲淹），到头来依旧是"愁山万叠，鬓丝千缕"（宋·向子諲）。总之，"落叶都愁"

（宋·张炎）。

愁于何时？唐·孟浩然："移舟泊烟渚，日暮客愁新。"宋·辛弃疾："江晚正愁余，山深闻鹧鸪。"傍晚之时，愁绪最浓。大约日出林霏开时，良好的精神状态使人难以产生忧愁。白天，人们忙忙碌碌，为生计奔波，便忘了闲愁；傍晚，暮色沉沉，心情压抑，容易"牵愁转恨"。宋·赵嘏词："夕阳楼上山重叠，未抵闲愁一倍多。"宋·晏殊："一场愁梦酒醒时，斜阳却照深深院。"随着暮色加浓，夜晚来临，"月落乌啼霜满天，江枫渔火对愁眠"（唐·张继），直至"兰房夜永愁无寐"（宋·无名氏），"永怀愁不寐，松月夜宿虚"（唐·孟浩然），真是"愁多知夜长"（汉朝古诗）。从季节上讲，愁于秋日最多，愁，秋心也。宋·吴文英："何处合成愁，离人心上秋"，可作愁的拆字谜。唐·虞纶："三湘愁鬓逢秋色，万里归心对月明。"唐·李顷："鸿雁不堪愁里听，云山况是客中过。"鸿雁南飞在秋季。唐·司空曙："寒禽与衰草，处处伴愁颜。"可谓秋寒人更愁。可能秋代表老年人，春代表少年，于是"林卧愁春尽，搴帷见物华"（唐·孟浩然），春天本是欢乐的季节，担心欢乐之春将尽也要愁。唐·李益诗："新妆宜面下朱楼，深锁春光一院愁。"于是"惨绿愁红"（宋·柳永），连红花绿叶因为无法享受都是愁惨之物了。

诗人为什么而愁？为时而愁，为政治、现实而愁。"总为浮云能蔽日，长安不见使人愁"（唐·李白），浮云蔽日是当时黑暗现实的象征，忧国忧民的李白，怎能不为此发愁？宋·刘过："旧江山浑是新愁。"宋·戴复古："岳武祠畔，杨柳烟锁古今愁。""旧江山"指被金兵侵占之地，岳飞是抗金名将，这是亡国之愁。也有为时光流逝而愁的，唐·李白："感此伤妾心，坐愁红颜老。"时光白白流逝，怎不感叹？大好年华没有欢乐，这是人性压抑之愁。实际上这是思念之愁，占古代愁诗中的大部分，有"离愁成绪"（宋·柳永）、"一种相思，两处闲愁"（宋·李清照）、"何以结百愁？白绢双中衣。与我期何所？及期东山隅。"（魏·繁钦）此外，还有乡愁，"旅愁荏苒"（宋·张炎）、"日暮乡关何处是？烟波江上使人愁"（唐·崔颢）。

愁情满怀，以诗释愁，可谓中国的"愁"文化。"这次第，怎一个愁字了得？""只恐双溪舴艋舟，载不动，许多愁。"（宋·李清照）

诗人与医药养生

江富军

在中国古代诗人中，有不少懂医术的。在他们的诗歌生涯、仕宦道路之外，还有一些行医养生的经历。像杜甫、柳宗元、苏东坡、陆游等诗人，就有他们的行医养生轶事。在古代，没有专业的医学课程，文人们在读文史哲书籍时悟得一些阴阳、五行、虚实、表里等中医基本概念，掌握一些中草药基本知识，就可以充任郎中。因此，诗人"兼任"郎中在边远地区也不是什么怪现象。当然，具体情况不同，诗人行医的目的也有些差异。

杜甫以采药为生计。杜甫一生贫穷潦倒，衣食无着，颠沛流离。"囊空恐羞涩，留得一钱看。"（《空囊》）在长安10年，他过起了"朝扣富儿门，暮随肥马尘"的屈辱生活。才华横溢的大诗人弯着腰、赔着笑脸在权贵们的车前马后当奴仆，并时常在王公贵族的府邸里卖药，"卖药都市，寄食友朋"（《献三大礼赋表》）。在成都，他自己动手在山野里采药或在阶前种植一些药物，配制成药，卖给官吏。"常苦沙崩损药栏"（《将赴成都草堂途中有作，先寄严郑公五首》），这是他在回成都草堂的路上写的。他担心草堂塌下来，压坏了他家的药栏。"客病留因药，春深买为花。"（《小园》）病中的客人之所以留下来，是因为他有药。"采药吾将老，儿童未遭闻。"（《秦州杂诗二十首》）"晒药安垂老，应门试小童。"（《独坐二首》）可以说自己到了老了还在采制药物。杜甫卖药有个故事，说的是杜甫流落潭州，有个老渔夫患风湿病，骨节酸痛、四肢发麻，杜甫用一包蜀地的苍耳给治好了，还用草药决明子治好了另一个渔夫孩子的眼病。于是老渔夫就劝杜甫开药铺，在杜甫接受建议后，把街市上最好的鱼摊位让给杜甫卖药。杜甫有诗句"茅斋定王城郭门，药物楚老渔商市"（《暮秋枉裴道州手札率尔遣兴寄近呈苏涣侍御》），写的就是这件事。

柳宗元以宣传行医为理想。柳宗元因王叔文事件而被贬官，一贬永州，二贬柳州。一贬永州司马，权空职闲，使他在文学上有所成就。那么，二贬柳州，则使他的理想付诸现实。柳州是个野蛮落后的地方，柳宗元任刺史，比在永州的司马有了实权，就开始干实事，解决了当地的治安、吃水、人口买卖等问题，并办起了学堂用以教化。当地百姓十分愚昧，人生病了就求神问卜。柳宗元亲自栽种仙灵毗（即淫羊藿）、木槲花、白蘘荷等中草药，自采、自晒、自制，研究它们的效用，并写了《种仙灵毗》一诗，来宣传这种草药对治疗脚病的神奇疗效。"晨起自采曝，杵臼通夜喧。灵和理内藏，攻疾贵自源。"写自己采药、晒药、捣药、治病。"神哉辅吾足，幸及儿女奔"，神奇的疗效治好"我"的足，使"我"能像小孩子一样奔跑。在《种白蘘荷》诗中，作者写道："崎岖乃有得，托以全余身。纷敷碧树阴，晼睐心所亲。"以自己治病的切身体验，宣传中医药，并大力推崇"治疗疮方""治霍乱盐汤方"等民间验方，还经常和朋友讨论关于医药方面的问题。同时练习东汉末年名医华佗传下来的古式体操"五禽戏"，并加以宣传推广。

苏东坡的养生术。集儒、释、道于一体的苏轼，愈贬心气愈和。学识渊博、心态旷达，造就了他的人生境界，使之抵御人生道路上的挫折磨难，而坚持养生也是其重要原因之一。据说他数十年坚持每日慢慢嚼咽10～40粒芡实（一种中药）。嚼咽芡实有开胃健脾的功效。通过这种细嚼慢咽，又起到了防止双颊肌肉松弛、减少面部皱纹的作用。他的浓茶固齿法更是为后人所称道。每次饭后，用浓茶来漱口，"齿性便若缘此渐坚密，蠹病自己"。因此，其至老仍身强体健、面色红润、才思敏捷。苏轼把宣传养生与宣传自己的人生哲学结合在一起。他经常亲自行医开处方，但有的人是无病求医，自带优质的处方纸，让苏轼开方，以盼得墨宝。苏轼也从不拒绝，利用处方来宣传养生知识。他开给一位名叫张鹗的一张处方，其上写道："张君持纸求书，望得良药，记得战国时有张方子，我照服很见效，不妨奉上。主要是四味药：一曰无事以当贵；二曰早寝以当富；三曰安步以当车；四曰晚食以当肉。"这四句话从情志、睡眠、运动、饮食四方面揭示养生之理，一直流传至今，成为养生名言。

此外，苏东坡在杭州做知府时，悬壶济世，在城里建了一座名叫"安乐"的病坊。在黄州时，深山求方，向峨眉山名医巢谷觅得秘方"圣散子"，当时指江水为誓，保证永不传人。但苏东坡终以民生为重，将此方公诸百姓，救活了不少病人。还自己撰写了《苏学士方》一书。后来与沈括的《良方》合编成《苏沈良方》流传下来，在我国医学宝库中占有一席之地。

古代诗人行医养生，深得人们爱戴。陆游在山阴时，经常采药行医，为村夫野老除病。"驴肩每带药囊行，村巷欢欣来道迎。共说向来曾活我，生儿多以陆为名。"（陆游《山村经行因施药》）他们都说曾经被我救过，因此生了孩子就以陆为名。这是诗人热爱生命的体现。重视生命是古代诗人的一大特色。热爱民众而悬壶济世，热爱自己而养生悟道。唐朝药王孙思邈曾写过诗句描述生命："取金之精，合石之液。列为夫妇，结为魂魄。一体混沌，两精感激……透出两仪，丽于四极……紫色内达，赤芒外射……雾散五内，川流百脉……"其对生命的理解超越了"身体发肤，受之父母，不敢毁伤"的孝，而达至天地精华的哲学高度。敬天才能热爱生命，这是古代诗人的生命底蕴。

在探索中指导学生成长

江富军

Q：江老师，您从事写作多少年了？我了解到您曾是教语文的，是教师这份工作把您带入了写作领域吗？还是因为喜欢写作，您才选择教语文？

A：写作一直是我的业余爱好。我读初中时，语文老师把我的一首诗推荐给当时温岭文化馆主办的《革命文化》发表，我便以为自己有文学细胞。1978 年高考，便填了中文专业。那时就做起文学梦，工作后边教语文边做梦，还组织过文学社。梦未成，写作习惯却坚持了下来。现在我经常记录一些观察与思考。我也在尝试着让学生做梦，养成写作习惯，这对今后的工作与生活都会有益的。

Q：您自己平时喜欢写哪些方面的内容？创作的灵感都来自哪里？

A：我所写的文章不算是文学创作，应该是阅读随笔。就是把我对中学生读写方面的观察、思考与自己的读写经验用散文化的笔法记录下来，试图对中学生有所启发。我的灵感主要来自教育观察，尤其是中学生心理与精神成长方面的思考。我们有许多学生处于不懂教育的家庭与片面应试的学校环境中，他们需要自己的精神园地、心灵港湾。我接触学生的阅读写作就是感受他们的精神世界、了解他们的成长过程、体会他们的烦恼与喜悦。我的随笔抒写生活与阅读，尽可能引导他们认识社会，慢慢地形成正确的世界观，树立志向，能够有理想、有抱负，又宽松活泼地生活。或许这是好为人师吧，职业习惯。

此外就是写写过去的事，写写时兴的怀旧文章，养心抒情。

Q：近年来，您从事阅读指导工作。您认为，阅读和写作之间是一种什么样的关系？

A：读写一体。通常我们以多读促进写作，这样的观点没错，而表述中把阅读作为手段，把写作作为目的，就有些不对劲了。读写共同辅佐自己的精神成长，这不仅针对中学生，成年人也应该这样。

阅读可分为泛读与精读，二者都不可少。泛读为自己积累材料，这里多说一句，自己积累即经过自己具体选择，有所取舍的材料才是"好材料"。泛读后大部分材料不再留存，留下的少部分材料，有的要二次、三次重读，应该叫精读。从课外阅读角度上讲，精读就是将自己认为有价值的材料，能与自己的心灵、思想高度共鸣（或反对批判）的材料，继续阅读、深度阅读，"亲密接触，反复接触，多角度接触，有比较地接触"。从点点画画，做些眉批，写写笔记，进入简单的写作，到有感而发写读后感，续写、仿写等等，可算是读写一体了。

关于读写一体，还有其他描述。如在初一、高一，甚至小学时，先确定若干写作主题，然后不断地广泛阅读，查找、积累材料。若干年下来，伴随着自己对世界的观察与思考，这些主题已经在自己的精神园地中成长。

到时候不管是高考还是自己写作，都会顺手拈来，文章就会水到渠成。这就倒过来称"写读一体"了。

在此有两点建议。一是主题可多一些，可以中途更换、撤销、合并、细分与补充。二是建议用电脑，因为现在信息太多，电脑方便。如果手写摘录，建议用活页纸，一页属于一主题，并且写半张空半张。看到许多同学满满摘录整页，摘成一整本，可以说他在摘录时就没准备分类，就没准备写写自己的体会。而摘录的目的一定是重读，良好的重读会有新的收获。当然，要用上关键词，以便以后查找，不论是手摘还是电脑摘录。

有人把读与写归结为吸收与输出，我以为，就大作家来说可能有道理。如前所述，我们中学生还是读写一体的。除去写公文，我们的读写都是观察社会、人生，让自己成长用的，是用语言来辅助自己的思想、精神。写作就是用语言展示自己，阅读就是用别人的语言来与自己的语言交织。阅读过程是读者与作家两个主体共同面对生活对象、面对人生社会这个客体（可理解为一体）的交流过程。在这个过程中，老师、作家、学生都是平等的，才能达到学生为主体的要求。

Q：日常您自己喜欢看哪方面的书籍？哪位作者是您特别喜欢的？喜欢的原因是什么？

A：我喜欢读哲理类、教育类、心理学类书籍。要说特别喜欢，应该是周国平与史铁生。这两位作家求真，没有回避苦难，也不没有在苦难面前垂头丧气。他们不像有些人用空空的"大语言"夸饰生活，而是在苦难面前直面人生，继续探究，并以探究为人生最大的快乐。记得史铁生走后，周国平写《孩子和哲人——忆念铁生》，文中写道："孩子和哲人——这是我心目中的铁生。"这是准确的定位。这位"轮椅上的哲人"正是凭童心获取力量，战胜苦难，成为哲人，找到了生命的意义。"尼采说，我们虚设了一个永恒，拿它当意义，结果落空了。铁生说，正相反，恰恰是意义使一个东西可以成为永恒。"

此外，闲时读读古诗，读读中西美学、哲学著作，也是比较有兴趣的。阅读让自己得到远距离的呼应。

Q：您会给学生推荐哪些书籍？

A：我会推荐周国平、史铁生等作家的作品。我注重哲理性作品的推荐。中学生尤其是热爱阅读的高中生，他们不满足于家长、学校对世界和人生的解释，有疑点，就要寻找；证实后，再相信、接受。成年人认为这是逆反，其实这恰恰是精神成长的动力，此时阅读很重要。近来，我推荐朱光潜、李泽厚的书。朱光潜先生因为为中学生写过大量文章，一篇一篇的，其语言也明白清楚。李泽厚先生的书我建议中学生片段阅读为好，如《美的历程》。对这些名著整本书阅读要求太高，不接触又无法开阔视野，语录、语段阅读才是实事求是的态度。与之对应，推荐席勒的《美育书简》《歌德谈话录》，王国维的《人间词话》等。此外，还有《人生与智慧》（傅佩荣）、《哲学起步》（邓晓芒）、《苏菲的世界》（乔斯坦·贾德）、《哲学家们都干了什么》（林欣浩）、《哲学的盛宴》（艾伦）《全球通史》（塔斯夫）、《历史研究》（汤因比）。有的学生迷上了尼采的《查拉斯图拉如是说》、叔本华的《人生的智慧》等书，我们正可借此作为阅读名著的动力，进一步引导学生认识现代哲学；也可以比较、理解马克思、黑格尔等的哲学，形成以哲理思考人生的习惯。

Q：之前，您创作的《阅读，成长的摇篮》由浙江大学出版社出版，还曾被列为温岭"童阅包"中的指定读物。能给我们介绍一下这本书吗？

A：拙作《阅读，成长的摇篮》主要内容是阐述阅读与成长的关系。能成为指定读物是我的荣幸，非常感谢。温岭的阅读推广每年都做，结合文化礼堂、文化活动、阅读征文，由宣传教育部门与图书馆、文化馆、新华书店、报社、电视台等单位一起开展，做得有声有色。但我们中学生的课外阅读时间还是不够，片面应试、唯分数论容易忽略学生成长中的迷茫。

"青少年要读什么书"是阅读的困惑，它与成长的困惑实为一体。好奇是人的天性，青春期充满迷茫。阅读解释好奇，为探索铺路。书籍是导梦者。怀抱着不同的书，就会有不同的人生方向。成长的道路上充满了选择，人生就是在阅读指导下不断探索、成长的过程。由此，该书推出了阅读理念："阅读，永远的好奇、永恒的探索。"

青少年时期是多梦的时期，阅读应充满个性。书籍把少年的梦导向志向，阅读立心。该书"关注青春、跨越代沟、探讨人生"。作文写心，因此这也是一本个性化、哲理化的作文材料。

Q：除了《阅读，成长的摇篮》，您还创作过哪些作品呢？

A：拙作《阅读引领未来》由清华大学出版社出版，全网发行，是阅读与成长思考的续篇。以阅读的环境与模式为思考基点，指向青少年精神发育成长，分析阅读对人生的作用。其中，关于书房命名、送书、编书、主题书单、传记阅读、文摘，以及阅读节奏、阅读冲击力、享受阅读、名人的青少年阅读等内容，均是阅读生活体验与阅读理论探索的描述，具有一定的借鉴价值。本书书写随笔化，语言、内容贴合青少年的生活实际，注重学术性与可读性的结合，深入浅出。第四篇中有一部分是中学生发表的阅读随笔，可供中小学生参考。

我写得也不多，在纸质报纸上发表过近200篇文章，也编写了两辑《书生心路》。还有《天开文运80年》《记叙文思路》《逆向思维出新意》等作品，属于学校交流需要的结集。

Q：日前，您给学生布置了一个作文题，主题为"我的一（几）句话"，为什么想让学生们去做这个主题呢？

A：每个人都会有偏爱的一句话、几句话，或给自己定位、总结，或包装自己、分析他人，或鼓励甚至感叹。语言支撑起一番道理，马克思说："语言是思想的直接现实。"维特根斯坦说："语言是人的边际。"自我介绍时，常常加上"我最喜欢的一句话"来展示自己。聊天时往往急于把记忆深刻的、牵动着自己思想的句子与别人分享。

这属于语录体阅读。我国古代文言文往往言简意赅，国学内容往往是语录体的。对语录详细注疏进而扩展，是一条很好的写作练习路子（说套路也可）。爱默生说："人生是书，书是注释。"语言是对人生的注释，读书就是用语言读人生。写作也算是"一生心血（生活）结成字"。中学生写作从一句话开始，轻松又有内容。

从布置的结果来看，写得不成功的学生往往随意拿别人的语句来用，结果写不出新意、深意，到现在还没有"自己的语言"。建议中学生把自己的书房"打扮"一下，想出一个自己喜欢的名称，写上自己喜欢的句子做座右铭。这些经过自己体验的语句就会引领自己，悄悄地让精神成长。这也是布置该题的目的之一。

Q：其实，对不少学生来说，写作是一件非常难的事情，常常不知道如何动笔。在提升写作能力上，您有哪些建议呢？

A：我以上的回答已经包含了这一点。此处对中学生的语感与读写圈子做一点说明，也说说如何让自己有写作表达的兴趣。语感从字面意思上讲，是直接感受语言文字的能力，往往属于直觉状态、快速状态，是阅读与写作的顿悟状态。这种状态肯定是长期训练的结果。多读书、多写作，就是长期用语言来翻译、注释生活，接受（传达）生活信息。这里涉及同伴交流，即外在语言；与自己交流，即内在语言。两种交流都是写作基础。

交流兴趣来自肯定自己、纳悦环境，这需要平等的人际关系。因此，在伙伴面前的交流往往是真的交流，日记是最真的。所谓语感强大，就是快速准确地反映出语言的能力（写作），或从语言中快速准确地提取原型的能力（阅读）。读写兴趣就是在这种提取与反应中产生快乐，肯定自己。因此，给自己一些圈子很重要。比如寻找共同话题组成一个小圈子，大家都表现自己，在肯定、否定中产生张力。中学生对人生的疑点、迷茫，对未来生涯的规划等，都可以讨论。但我们有些家长有"观点搁置"的想法，认为这些讨论浪费时间，先考上好大学再思考这些问题也不迟。在此，我不断强调，什么年龄有什么样的思考，"回头看"是无法回到当时的状态的。中学生在自己的圈子里，如读书会上展示自己的"才华"，自然就会兴致勃勃。有如此强大的表现欲，还愁写作没兴趣？

现在我们发表感慨的园地很少，很多学校也没有重视。温岭报有《青草地》，给温岭学生提供了展示的平台。很多学生在填表时写上首次发表于《青草地》，这是带着自我肯定的。